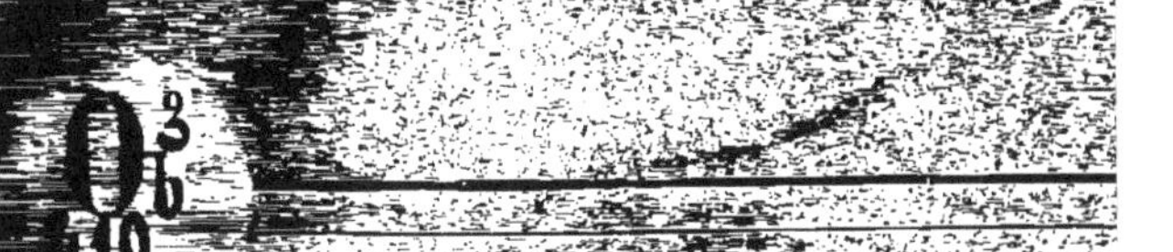

DROIT INTERNATIONAL

L'EGYPTE

ET

TRAITÉS INTERNATIONAUX

SUR

RÉFORME JUDICIAIRE

PAR

J.-A. HAAKMAN

DOCTEUR EN DROIT

ANCIEN JUGE AU TRIBUNAL MIXTE D'ALEXANDRIE

PARIS

DURAND ET PEDONE-LAURIEL, LIBRAIRES-ÉDITEURS

LIBRAIRES DE LA COUR D'APPEL ET DE L'ORDRE DES AVOCATS

9, rue Cujas (ancienne rue des Grès)

1877

DROIT INTERNATIONAL

L'ÉGYPTE

ET

LES TRAITÉS INTERNATIONAUX

SUR

LA RÉFORME JUDICIAIRE

PAR

J.-A. HAAKMAN

DOCTEUR EN DROIT

ANCIEN JUGE AU TRIBUNAL MIXTE D'ALEXANDRIE

PARIS

A. DURAND ET PEDONE-LAURIEL, LIBRAIRES-ÉDITEURS

LIBRAIRES DE LA COUR D'APPEL ET DE L'ORDRE DES AVOCATS.

9, rue Cujas (ancienne rue des Grès)

1877

INTRODUCTION

Par le percement de son isthme l'Égypte s'est détachée de l'Orient.

Ce seul fait lui impose la stricte observance des traités avec l'Europe.

Son existence politique en dépend.

Sous ce rapport, l'introduction du droit européen, sous les auspices d'une magistrature internationale, paraissait un acte politique aussi sage que nécessaire.

En effet, il semblait constater la ferme volonté du Khédive de contribuer pour sa part à l'exécution du traité de Paris, en entrant de fait dans le concert européen.

C'était en même temps la seule manière de relever l'Égypte et de la préparer à l'accomplissement de ses devoirs internationaux.

Tout dépendait cependant de la bonne foi dans l'exécution des conventions.

Elle a manqué. Aux embarras que la Turquie crée à l'Europe en ne se souciant pas de ses engagements politiques, le Khédive se plaît à en joindre de nouveaux en refusant formellement l'exécution des conventions intervenues sur ses propres instances.

Ainsi, la diplomatie turque domine même en Égypte.

A quoi l'attribuer, si ce n'est au manque absolu d'ensemble et d'union de la politique européenne dans les affaires d'Orient?

La diplomatie ottomane en profite aux dépens du prestige et du crédit européen.

Pour s'en convaincre, il suffit de se rappeler les négociations sur la réforme judiciaire en Égypte.

Le gouvernement égyptien les a poursuivies avec succès, en écartant les objections par les promesses, en traitant séparément avec chaque puissance. L'adhésion des unes a servi d'appât aux autres. Un traité collectif aurait sauvegardé les puissances de l'échec que l'action séparée de chacune d'elles leur fait éprouver aujourd'hui.

L'honneur revient à la France d'avoir suivi le fil des négociations jusqu'à la dernière heure.

Si elle ne l'a pas coupé dans l'intérêt de l'Europe, c'est parce que les autres puissances lui avaient créé la nécessité politique de ne pas s'isoler.

L'Assemblée nationale fut la dernière à se prononcer. Ses discussions firent ressortir ses appréhensions.

Pour sauver le projet, il s'agissait d'en faire valoir, non les promesses, mais les réserves faites pour pouvoir se retirer de l'œuvre, aussitôt qu'elle ne répondrait plus au but.

Les motifs d'opportunité ont triomphé de l'opposition fondée sur la crainte que l'entreprise n'échouât par manque de bonne foi.

Guidée par les avis de commissions antérieures, par l'enquête approfondie qui précéda ses débats, l'Assemblée nationale céda sans élan et sans enthousiasme.

Ces études préparatoires expliquent l'énorme différence entre l'attitude de l'Assemblée nationale et celle de la Chambre des députés en Italie, entraînée par la parole brillante de l'honorable M. Mancini.

Rien n'empêchait M. Visconti-Venosta de se montrer optimiste ; tout conseillait, au contraire, à M. le duc Decazes de se montrer réservé et de glisser, dans son éloquente défense, quelques paroles prudentes, comme celles-ci : « *Elle* (l'expérience d'un tribunal international) *se développera ou elle échouera misérablement*, JE L'IGNORE. »

Voilà un an que la réforme judiciaire fonctionne, et déjà la réserve de M. le duc Decazes se trouve justifiée par les événements.

Quelle en est la cause?

Je me trouve dans le cas de traiter cette question par le fait d'avoir servi la Réforme comme juge hollandais au tribunal mixte d'Alexandrie.

Seulement je me trouve, vis-à-vis la Cour d'appel en Égypte, dans la situation où Beaumarchais s'est trouvé vis-à-vis le parlement Maupeou.

Ainsi, l'exemple de sa satire pourrait être contagieux. Heureusement, la satire de Beaumarchais est inimitable.

D'ailleurs, elle ne convient pas au magistrat, désireux avant tout de dire la vérité.

Cette seule observation fera admettre que je n'entends pas compromettre ma propre dignité en cédant, dans cet écrit, à la passion ou à la rancune.

Quinze ans de robe, dont treize dans la magistrature debout, m'imposent le calme et la froideur dans mes appréciations, publiées d'ailleurs dans aucun autre but que de donner suite à la réserve, faite la veille du verdict qui me frappe, « *d'informer les Chambres des représentants en Europe, par la voie de la publicité, de tous les événements ayant trait à mon procès et au fonctionnement de la Réforme.* » Cela établit que, dans les présentes pages, il ne s'agit nullement d'une défense personnelle, mais exclusivement d'une protestation dans l'intérêt de la Réforme judiciaire d'après les traités (1).

---

(1) Voyez Appendice II, p. 78 note.

I

Pour l'intelligence des pages suivantes, esquissons à grands traits la nouvelle organisation de la justice en Égypte.

Basée sur des traités solennels, elle a pour but d'instituer une seule juridiction pour les procès, soit entre Européens de nationalités différentes, soit entre Européens et indigènes.

Ce n'est que par exception que les tribunaux mixtes jugent entre parties de même nationalité (1).

Le statut personnel ne rentrant pas dans la compétence des nouveaux tribunaux, ils connaissent plus particulièrement du droit réel et des obligations.

L'organisation comprend trois tribunaux en première instance et une Cour souveraine, jugeant en appel.

La Cour d'appel siége à Alexandrie. Les tribunaux sont installés en cette ville, au Caire et à Ismaïlia.

La Cour d'appel est composée de onze conseillers; les tribunaux sont composés de sept juges, sauf celui d'Alexandrie, comptant quatorze juges répartis en deux chambres.

Les arrêts de la Cour d'appel sont rendus par huit conseillers; les jugements en première instance se prononcent à cinq voix.

Les Européens ont la majorité dans les chambres. Cette ma-

---

(1) Art. 5 du Règlement d'organisation judiciaire : « Ces tribunaux connaîtront de toutes les contestations en matière civile et commerciale entre indigènes et étrangers, et entre étrangers de nationalités différentes en dehors du statut personnel. Ils connaîtront aussi de toutes les actions réelles immobilières entre toutes personnes même appartenant à la même nationalité. »

jorité est de deux voix en appel et d'une seule voix en première instance (1).

Les tribunaux délèguent chaque année un de leurs membres pour constituer les tribunaux de justice sommaire (justice de paix à compétence plus étendue), siégeant dans les trois villes sus-indiquées.

Tous les juges sont nommés par le Khédive, en ce qui concerne les Européens, sur les informations obtenues des ministres de la justice et avec l'acquiescement et l'autorisation de leurs gouvernements respectifs (2).

Les grandes puissances seules sont représentées à la Cour d'appel.

La majorité des juges européens, en première instance, se compose de Suédois, de Norvégiens, de Danois, de Hollandais, de Belges et d'Hellènes.

La France et les Etats-Unis ont un juge au Caire, le juge an-

---

(1) Art. 2 du Règlement d'organisation judiciaire : « Chacun de ces tribunaux sera composé de sept juges, quatre étrangers et trois indigènes.

« Les sentences seront rendues par cinq juges, dont trois étrangers et deux indigènes.

« L'un des juges étrangers présidera avec le titre de vice-président et sera désigné par la majorité absolue des membres étrangers et indigènes du tribunal.

« Dans les affaires commerciales, le tribunal s'adjoindra deux négociants, un indigène et un étranger, ayant voix délibérative, et choisis par voix d'élection. »

Art. 3 du même Règlement : « Il y aura à Alexandrie une Cour d'appel composée de onze magistrats, quatre indigènes et sept étrangers.

« L'un des magistrats étrangers présidera sous le titre de vice-président et sera désigné de la même manière que les vice-présidents des tribunaux.

« Les arrêts de la Cour d'appel seront rendus par huit magistrats dont cinq étrangers et trois indigènes. »

(2) Art. 5 du Règlement d'organisation judiciaire : « La nomination et le choix des juges appartiendront au Gouvernement égyptien, mais pour être rassuré lui-même sur les garanties que présenteront les personnes dont il fera choix, il s'adressera officieusement aux ministres de la justice à l'étranger et n'engagera que les personnes munies de l'aquiescement et de l'autorisation de leur gouvernement. »

glais et le juge russe font partie du tribunal d'Alexandrie, l'Allemagne et l'Autriche sont représentées aux tribunaux du Caire et d'Alexandrie, l'Italie a son juge tant à ce dernier tribunal qu'à celui d'Ismaïlia.

Aucune prérogative, si ce n'est celle du traitement, ne distingue les conseillers des juges.

Rien ne fait mieux ressortir l'égalité entre les juges des deux instances, que la composition de la Cour, aussitôt qu'elle est récusée en entier ou en majeure partie. Dans ce cas, les juges remplacent, soit les conseillers récusés, soit la Cour entière (1).

La présidence, dévolue à des magistrats indigènes à la nomination du Khédive, est tout honorifique.

Les vrais présidents sont les vice-présidents. Ils sont Européens.

Ils sont choisis par chaque tribunal, sauf l'approbation de la Cour.

Le vice-président de la Cour est élu par elle.

D'après l'article 41 du règlement général judiciaire, la vice-présidence et toutes les autres fonctions sont conférées pour toute l'année judiciaire, avec faculté de réélection.

La magistrature assise est inamovible pour toute la période quinquennale, servant à l'essai de la Réforme (2).

Toutefois, les juges sont révocables, mais seulement et exclu-

---

(1) Art. 372 du Code de procédure civile et commerciale : « Si la récusation a lieu contre la Cour d'appel ou contre un nombre de conseillers, tel que la Cour ne puisse en connaître, l'incident sera porté, ainsi que l'affaire principale, si la récusation est admise, devant une Cour de justice spéciale composée de onze magistrats au moins et dans laquelle siégeront les conseillers non récusés et les présidents et vice-présidents des tribunaux et au besoin des juges désignés par le sort, pourvu que les magistrats de la Cour spéciale n'aient pas connu de l'affaire en première instance. »

(2) Art. 19 du Règlement d'organisation judiciaire : « Les juges qui composent la Cour d'appel et les tribunaux seront inamovibles.

« L'inamovibilité ne subsistera que pour la période quinquennale. Elle ne sera définitivement admise qu'après ce délai d'épreuve. »

sivement pour les faits qui compromettent leur honorabilité comme magistrats ou l'indépendance de leur vote.

La Cour est juge souverain en matière disciplinaire.

La révocation se fait en assemblée générale, à la majorité des trois quarts des conseillers présents (1).

Déjà, au commencement de l'année 1875, la plupart des juges européens se trouvaient réunis en Égypte.

Évidemment, elle n'y a été appelée déjà à cette époque que pour faire entrevoir à la France et à l'Italie la possibilité d'une prochaine ouverture des tribunaux, afin de presser leur adhésion.

Toute l'année 1875 s'est écoulée sans que ces magistrats fussent réunis par quelque travail en commun.

Grâce à cette inaction, l'Égypte devint leur Capoue. La désunion, les intrigues, bref, toutes les conséquences fâcheuses de l'oisiveté se firent jour. Un incident, plus sérieux qu'il ne parut, vint aggraver la situation en jetant la discorde parmi les futurs membres de la Cour d'appel. Le costume turc, c'est-à-dire le tarbouch et la stambouline, fut prescrit à la magistrature mixte. Ce seul fait lui enleva le caractère international que les colonies européennes aimaient lui reconnaître. Assimilés aux fonctionnaires locaux, les nouveaux magistrats trouvèrent avant le début le terrain des traités envahi.

---

(1) Art. 24 du Règlement d'organisation judiciaire : « La discipline des juges, des officiers de justice et des avocats est réservée à la Cour d'appel.

« La peine disciplinaire applicable aux juges, pour les faits qui compromettent leur honorabilité comme magistrats ou l'indépendance de leurs votes, sera la révocation et la perte du traitement sans aucun droit à une indemnité.

« La peine applicable aux avocats, pour les faits qui compromettent leur honorabilité, sera la radiation de la liste des avocats admis à plaider devant la Cour. Le jugement devra être rendu par la Cour en réunion générale à la majorité des trois quarts des conseillers présents. »

La mesure provoqua l'irritation et la résistance. Une lutte s'engagea. Elle mena à la démission volontaire du conseiller russe, l'honorable M. Coumani. Dès lors, la division entre les magistrats européens se montrait au grand jour. Elle était d'un bon présage pour le gouvernement égyptien. Son influence sur la nouvelle justice était assurée, dès que la faible majorité européenne se trouverait déplacée par la désunion.

L'incident du tarbouch obtint donc un vrai succès, en créant au gouvernement une influence exclue par les traités.

L'ambition personnelle, habilement attisée, vint couronner la politique orientale de diviser pour régner.

Parmi tous les magistrats présents, un seul semblait offrir les garanties nécessaires pour l'introduction de la Réforme.

C'était l'honorable M. Giaccone. Comme juge-consul d'Italie en Égypte, il avait acquis l'expérience du pays et de ses habitants, expérience qui manquait absolument à ses collègues, tous nouveaux venus. Son caractère modéré, mais ferme, son aversion des intrigues et en même temps sa grande érudition lui assuraient, aux yeux du pays et des colonies, des recommandations incontestables à la présidence. Cela suffisait pour déchaîner contre lui la jalousie de certaines ambitions.

Don Basile se mettait à l'œuvre, calomniait, calomniait, et, comme toujours, il en restait. Le terrain était préparé. L'adversaire de M. Giaccone montait à mesure que lui s'effaçait devant les menées.

Cependant, la part active et brillante de M. Giaccone dans les négociations sur la Réforme, tant au Caire qu'à Constantinople, lui avaient acquis des sympathies très-fortes parmi les nouveaux juges. Ainsi, les opinions se partageaient entre lui et son concurrent.

La nouvelle de l'adhésion de la France arriva au milieu de ces agitations. Elle fut acclamée comme de bon augure, tant pour la consolidation que pour la direction de la Réforme.

Toute la magistrature était notamment d'accord sur l'impossibilité de faire marcher la Réforme sans le concours de la France et de l'Italie.

Quant au point important de la présidence, il semblait pouvoir se résoudre à l'amiable. L'élection du conseiller français se dessina comme la meilleure solution des débats.

Seulement, l'habileté en décida autrement. Elle écarta dès le début la France du rôle que l'œuvre et les circonstances semblaient lui imposer.

Sans attendre l'arrivée prochaine du conseiller français, ni celle de leur collègue russe, la majorité des conseillers présents trouva opportun de pousser aux élections, même avant la constitution de la Cour. L'élément indigène sembla instruit. Il vota en bloc, et au premier scrutin l'honorable docteur Lapenna se trouva élu vice-président de la Cour, tandis que M. le conseiller Giaccone fut désigné comme son substitut.

Cela se passa à la fin de janvier 1876, quelques jours seulement avant l'arrivée du conseiller français. Tout fit craindre une protestation de ce dernier et de son gouvernement contre un pareil procédé. Il n'en fnt rien. La France se trouvait représentée par un conseiller mis à la retraite à cause de son âge et de ses longs services en Algérie. Il accepta la situation.

Ainsi, la suprême direction de la Réforme restait confiée à deux antagonistes reconnus. C'était perpétuer la division et l'esprit de parti ; c'était entraver dès le début l'union de l'élément européen.

L'union morale, seule base solide de toute organisation judiciaire, fut remplacée par la centralisation despotique et militaire, élevant de prime abord le vice-président de la Cour à la dictature, imposant aux juges une soumission incompatible avec la nature de leurs fonctions.

Ce système antijudiciaire fut introduit par le règlement général. Ce règlement a rencontré une opposition générale des tribunaux de première instance. Il leur enlevait l'autonomie voulue par le règlement organique, et élevait en même temps la cour d'appel sur un piédestal dont on cherchera en vain la base dans les traités.

Un autre motif non moins sérieux inspirait cette opposition. D'après l'article 37 du règlement organique, le règlement général doit être élaboré par la Cour et arrêté par elle après examen des observations des tribunaux (1).

Cette disposition demandait la coopération de la Cour entière. Le règlement dont il s'agit devait suppléer aux nombreuses lacunes dans les Codes et exigeait les lumières de tous.

En écartant comme non écrite la disposition de l'article précité, la même irrégularité pratiquée dans les élections de la Cour a présidé à l'élaboration de ce document important. Il fut arrêté sans le concours, c'est-à-dire avant l'arrivée des conseillers français et russe.

Cette circonstance frappait péniblement les tribunaux. Ils avaient tout à espérer de l'esprit français, trop pratique pour admettre un système aussi draconien que celui dont les conseillers présents voulaient doter la Réforme.

Jamais un magistrat français n'aurait toléré un système disciplinaire inquisitorial et oppresseur. Aussi le tribunal d'Alexandrie s'est-il joint à l'observation d'un de ses membres, s'exprimant ainsi : « Venise et l'Espagne ont pu avoir leur conseil des Dix et leur inquisition; mais il y a déjà longtemps que ces institutions sont tombées sous le mépris de l'histoire. Vouloir les rétablir à propos de la nouvelle Réforme judiciaire et à l'égard de magistrats envoyés par la confiance de leurs gouvernements, ce serait saper l'œuvre à sa base. »

Les observations des tribunaux ont été écartées comme la loi elle-même. Le règlement général judiciaire a été arrêté et promulgué tel qu'il avait été conçu.

Comme dictateur de la Réforme, M. le docteur Lapenna est un des hommes les plus puissants en Égypte.

Réélu, pour la seconde année judiciaire, avec le concours de

---

(1) Art. 37 du Règlement d'organisation juridique : « La Cour préparera le règlement général judiciaire en ce qui concerne la police de l'audience et la discipline des tribunaux.

« Le projet de règlement ainsi préparé sera transmis aux tribunaux de première instance pour leurs observations, et après une nouvelle délibération de la Cour qui sera définitive, rendu exécutoire par décret du Ministre de la justice. »

l'élément indigène, il dispose seul des destinées de la Réforme.

Cela ne peut que rehausser l'expérience quinquennale. Si elle réussit, rien ne paraîtra plus impossible. C'était déjà quelque chose que de faire l'essai d'une jurisprudence internationale ; mais cet essai n'est rien en comparaison de celui d'allier la politique à la justice, c'est-à-dire le culte de l'opportun à celui du juste et de l'équitable.

Sous ce rapport, le choix de M. le docteur Lapenna comme vice-président de la Cour d'appel, partant comme chef de la magistrature mixte, fut des plus heureux.

Comme député de la Dalmatie, il brilla par son tact politique et parvint encore jeune aux honneurs de la magistrature, en passant conseiller aulique.

Rompu à la lutte, il ne saurait se contenter de guider la Réforme seulement en magistrat. Aussi s'est-il appliqué à lui donner une direction politique.

Sa réputation d'homme de fer coulé d'une pièce fit bien augurer de cette direction, malgré les périls qu'y voyait la magistrature.

Seulement, la politique attractive en Orient, adore les hommes de fer, connaissant par expérience la mesure de leur force de résistance.

Encore cette fois-ci, son adoration ne paraît pas déplacée. L'arrêt Carpi sauva les apparences, en faisant croire à l'Europe que la justice en Égypte résisterait au despotisme. Mais depuis, la reconnaissance du chef de la magistrature, que la justice est possible sans exécution, fit ressortir, mieux que tout raisonnement, le parfait accord et l'étroite union intervenus entre le despotisme politique et la dictature judiciaire.

II

Talleyrand a dit, mais les traités sur la Réforme font mieux, en le prouvant, que la parole est donnée à l'homme pour déguiser sa pensée.

L'étude la plus sérieuse ne ferait reconnaître d'autre but aux projets égyptiens que celui d'organiser la justice.

C'est pourquoi les puissances les ont acceptés.

Tout soupçon semblait écarté, et l'exécution du règlement organique était presque assurée, lorsque la diplomatie française montra la ficelle du canevas financier, sur lequel le gouvernement égyptien avait brodé ses projets judiciaires.

La déclaration française du 15 novembre 1875 est un chef-d'œuvre de clarté et de perspicacité (1). Elle démontra que la soi-disant réforme judicaire était foncièrement financière et politique. Elle découvrit la contrebande diplomatique habilemen cachée sous les plis de la rédaction tortueuse de l'art. 11 du règlement organique.

Quelques mots suffiront pour l'expliquer. Depuis nombre d'années le Khédive voulait l'introduction de la municipalité. Cette idée libérale renfermait un projet financier : qui dit commune, dit impôts, librement votés par les citoyens ; répartition équitable, et emploi discutés par ceux qui les votent.

En Egypte le but était de rendre imposables tous les européens, qui en sont affranchis par les capitulations.

Les villes et communes étant appelées à faire des travaux d'utilité publique, la création de municipes favorisait celle de nouveaux emprunts sous leur garantie.

Ce projet était aussi fécond en ressources pour le Trésor que nuisible aux intérêts européens. Il supprimait leurs immunités, garanties depuis des siècles. La diplomatie européenne n'avait cessé de le combattre.

---

(1) Voyez Appendice I, p. 73.

Le moyen d'échapper à la résistance européenne fut combiné avec une grande habileté.

D'abord l'art. 11 du règlement organique tendait à éloigner l'ingérence consulaire en matière administrative, en défendant même à la justice de s'en occuper (1).

Il visait à enlever aux consuls leur droit de réclamation, en statuant que les tribunaux connaîtraient des plaintes des étrangers sur l'atteinte de leurs droits par des mesures administratives.

Ainsi l'action diplomatique dans toute son étendue serait neutralisée à l'égard des actes de l'administration en général et en particulier par rapport à l'établissement d'impôts.

Évidemment les auteurs de l'art. 11 précité ont prévu que même pour les cas, où l'administration se soumettait aux tribunaux, il surgirait des combinaisons en sa faveur, qu'elle n'avait pas pu trouver jusqu'alors avec l'opposition diplomatique.

D'un seul coup la déclaration française a détruit l'œuvre financière présentée comme judiciaire, en proclamant que le gouvernement français se retirera de la réforme aussitôt que les tribunaux mixtes connaîtront de mesures fiscales jusqu'à ce jour soumises à l'action diplomatique.

Cette mèche éventée, il était permis de douter de la bonne foi dans l'exécution des traités judiciaires.

En effet, il était peu probable que le Khédive voudrait se donner des juges, voire des juges souverains, sans aucune compensation financière et politique. Dans l'Orient moderne ils pouvaient rappeler les prophètes de l'antiquité, ne plaisant que médiocrement par leur mauvaise habitude de révéler la vérité même sur les choses de ce monde.

Dans les embarras du moment cachés encore à l'Europe, une magistrature européenne, c'est-à-dire fortement trempée, légi-

---

(1) Art. 11 du Règlement d'organisation judiciaire : « Ces tribunaux, sans pouvoir statuer sur la propriété du domaine public ni interpréter ou arrêter l'exécution d'une mesure administrative, pourront juger dans les cas prévus par le Code civil les atteintes portées à un droit acquis d'un étranger par un acte d'administration. »

timait l'appréhension qu'elle ne s'arrogeât la mission de Daniel auprès de Nabuchodonosor.

Il était évident que le Khédive ne s'y soumettrait pas, et qu'ainsi la déclaration française mettant à néant le vrai but de la Réforme, en lui enlevant son caractère politique et financier, rendait nécessaire la continuation des négociations, pour sonder l'opinion du gouvernement égyptien sur l'introduction de la réforme dans les conditions où elle se présentait maintenant.

A ce point de vue la conclusion du rapport à l'Assemblée nationale se recommandait par sa prévoyance et sa sagesse. Les événements ultérieurs l'ont démontré.

Si le gouvernement français était rentré dans la voie des négociations, il aurait constaté les embarras financiers de l'Egypte, révélés à l'Europe le lendemain de l'ouverture des tribunaux. Cette seule constatation lui aurait fait voir que la situation était tellement compliquée, qu'il fallait recourir à d'autres réformes avant de pouvoir introduire celle de la justice.

En effet, personne n'aurait cru possible le règlement par voie judiciaire d'une dette aussi considérable que celle de l'Egypte accusant le chiffre énorme de 91 millions de livres sterling, aussi peu que celui de la dette privée du Khédive s'élevant à 16 millions de livres sterling.

Certes, si au 17 décembre 1875, l'Assemblée nationale avait eu sous les yeux le rapport présenté trois mois après par M. Cave au gouvernement anglais, elle s'en serait tenue au rapport de sa commission en ajournant le vote sur le projet de loi concernant la Réforme.

Au bout du compte cet ajournement aurait profité à toutes les puissances comme au Khédive en écartant l'équivoque qui n'a cessé d'exister depuis que l'Europe a considéré la Réforme comme *judiciaire*, tandis que le Khédive la comprenait comme *financière*, et entendait se soustraire, par son moyen, à la banqueroute dont il se savait menacé.

Une fois la Réforme acceptée par la France, le gouvernement égyptien se trouvait obligé à la mettre en pratique.

Il ne pouvait plus reculer, après avoir sollicité depuis huit ans le concours des puissances. Ce concours se trouvait octroyé, seulement dans un sens qui créait au Khédive les périls d'une justice fortement trempée au lieu des avantages que l'art. 11 du règlement organique devait lui procurer.

Dès lors il ne s'agissait que de faire bonne mine à mauvais jeu, et de conjurer les dangers d'une justice aussi indépendante et souveraine que celle introduite par les traités.

Ainsi, par la force des choses, la même mystification qui présidait aux négociations sur la Réforme s'est continuée dans sa mise en pratique.

La première chose qu'il y avait à faire était de combattre la magistrature par les magistrats.

On a continué de les diviser, et on a réussi par là à les rendre rien moins que redoutables. *Divide et impera!*

Nous avons déjà observé que la Cour, ou mieux la majorité de ses membres, avait promulgué, même avant sa constitution légale, les règles sur la discipline, sans tenir aucun compte des observations présentées par les tribunaux, peu édifiés du système centralisateur et despotique visé par le rédacteur.

Il en résulta une séparation des plus regretables entre les conseillers et les juges de première instance.

La Cour en accentuant de la sorte la suprématie hiérarchique avait sacrifié l'union morale à l'ambition du pouvoir.

Le ministère public, destiné à servir de guide se trouvait brusquement entravé. Par mille moyens la Cour lui faisait comprendre, qu'en Égypte, il n'avait pas à remplir la mission ni à exercer l'autorité qui lui sont dévolues en Europe.

Rien n'indiquait que la magistrature pourrait fonctionner comme organisme.

Partout régnaient le vague et le doute; ceux qui persistaient encore à prendre leur mission au sérieux se trouvaient perplexes devant l'ordre d'ouvrir les audiences au premier février 1876.

Rien ne le justifiait. Tout était encore à organiser.

Le service des greffes, important en Égypte comme dans aucun pays, par son cumul avec le notariat, l'enregistrement et la conservation des hypothèques, n'était pas même réglementé. Le personnel presque entier en était encore à nommer.

Qui pouvait songer à une organisation même des plus sommaires, dans un délai de quelques jours? L'ordre équivalait à celui de faire marcher une armée sans train.

L'immensité de cette imprévoyance démontrait que quelque grands que soient les hommes politiques de la Dalmatie, ce n'était pas à elle de doter la réforme d'un chef capable d'organiser le service d'après des codes français.

La confusion des derniers jours de janvier 1876 rappelait celle qui précède un campement de nomades.

Le palais de justice d'Alexandrie, abritant la Cour d'appel et le tribunal, était envahi d'une foule de déclassés y cherchant un abri contre les mauvais tours de la fortune. Commis-greffiers, expéditionnaires, interprètes, huissiers, tous étaient à examiner.

Les examinateurs s'improvisaient, à défaut de temps pour désigner en connaissance de cause ceux qui par leurs lumières et leur aptitude conviendraient réellement à cette délicate mission.

Avec cet arrière-train recruté à la hâte s'ouvrit le premier février 1876 la première campagne d'une justice internationale.

Cette légèreté dans l'organisation du service s'est fait de plus en plus sentir. Les greffes et les huissiers ne cessent de désespérer la justice et les justiciables.

On aurait tort d'en accuser la magistrature. Il ne lui restait en présence de l'indolence consulaire que de sauver les apparences.

L'honneur lui en revient, elle l'a fait avec un aplomb hors ligne. Les jugements en première instance ont été rendus par centaines, même par milliers. Au début, c'était tout ce qu'il fallait pour contenter un public lassé d'attendre indéfiniment la solution des litiges.

Les tribunaux de première instance ont fonctionné du premier février jusqu'au premier juillet 1876 comme de véritables usines. Rien ne les a arrêtés pour prouver la possibilité technique d'une justice internationale.

Cependant la justice nouvelle parut encore trop sérieuse même en ne s'occupant absolument que de la jurisprudence.

Quelques mois suffirent pour la mettre en conflit avec le gouvernement égyptien.

C'est bien à ce conflit et à ses conséquences, qu'il faut attribuer le revirement dans la première marche des tribunaux. Malgré leur zèle au début à tout juger, la statistique de la première année accuse un arriéré effrayant.

Dejà les tribunaux mixtes se trouvent assimilés aux administrations locales.

Nous aurons à en rechercher et à en développer les causes.

III

Pour juger de la réforme, il faut connaître les événements, lors de son introduction.

Les Abyssins repoussèrent par les armes la capitation voulue d'eux, depuis que la diplomatie française en avait exempté les Européens.

La malechance poursuivait le gouvernement égyptien. La guerre, au lieu de lui profiter, avait épuisé le trésor.

Les finances étaient aux abois. Le dilemme se posait de conclure un nouvel emprunt ou de cesser les payements.

Comment emprunter, après que les dernières garanties à offrir étaient passées à l'emprunt 1873? Evidemment c'était par trop chimérique.

Le crédit était en souffrance. La baisse sur les fonds ne le démontrait que trop. La question d'Orient inquiétait l'Europe.

D'impôts il n'y en avait plus à créer. Le sol et le fellah se trouvaient déjà imposés outre mesure.

Avec l'administration actuelle il n'y avait pas à songer à des économies sérieuses.

La banqueroute était donc inévitable. Le 23 mars 1876, c'est-à-dire quelques semaines après l'introduction de la réforme, le rapport de l'honorable M. Cave initiait l'Europe au mystère.

Les décrets d'avril et de mai de cette même année vinrent confirmer le rapport de M. Cave, en constatant même la déconfiture personnelle du Khédive.

Sérieuse ou fictive, elle déroutait l'Europe. Par l'introduction de la justice mixte, l'Europe avait sacrifié ses moyens diplomatiques pour sauver ses intérêts considérables dans les finances égyptiennes.

Il était évident, je le répète, que ce ne serait pas par la voie de la procédure, qu'on aurait raison d'un gouvernant, ni d'un gouvernement turc, partant despotique.

Cependant c'était la seule voie régulière depuis que l'Europe s'était associée au Khédive dans l'œuvre de la justice.

Restait donc à guetter le moment, où les traités judiciaires seraient violés, pour en revenir et pour rendre à l'action diplomatique son ancien poids.

Ce moment ne s'est pas fait attendre, seulement la diplomatie a dédaigné de le saisir.

Déjà au début il était visible que le gouvernement égyptien entendait paralyser la justice. Dès le commencement les huissiers rencontraient dans leurs notifications et exécutions une résistance de la part des mudirs et des cheiks, qui de passive devenant active, démontrait que le gouvernement ne considérait pas la justice comme une œuvre sérieuse et nationale.

Le tribunal d'Ismaïlia eut à établir un exemple par la condamnation sévère d'un cheik et de ses complices, convaincus de rébellion.

La résistance à la justice accompagnait son introduction. Le gouvernement égyptien, au mépris des observations, qui lui demandaient de mettre l'administration locale en rapport avec l'autorité judiciaire, a maintenu entre elles une barrière infranchissable.

Un autre fait, dont les conséquences fâcheuses ne tarderont pas de se produire, mérite une mention spéciale. Les lois nouvelles, en dotant l'Égygte du système hypothécaire, veulent que les actes, passés au greffe, soient transcrits sur les registres du tribunal indigène (mekhemé). Cette transcription est nécessaire pour que l'autorité locale reconnaisse les actes. Or, jusqu'ici le refus de transcription est systématique. On aura beau compulser les registres du Mekhemé, on les trouvera vierges de toute transcription. Les plaintes et les remontrances au gouvernement restent stériles. Ainsi le système hypothécaire n'existe que de nom, d'autant plus qu'il froisse les idées musulmanes, n'admettant qne l'aliénation *volontaire*, et ne reconnaissant ni l'hypothèque, ni l'expropriation forcée.

De ce qui précède il serait déjà permis de conclure à la stérilité de la réforme.

La situation anormale, créée au ministère public, complétait le système d'abandon.

Les grandes puissances lui attribuèrent quelque influence, en tenant à être représentées dans le parquet. Voyons ce qui en est !

Sur le terrain pénal, quelque restreint qu'il soit déjà, le M. P. n'a pas encore pu prendre position.

Nonobstant la mise en vigueur de la réforme, la poursuite des contraventions, écrite dans ses lois, reste à l'état de lettre morte. On ne ferait pas mal cependant de s'occuper de la voirie. Mieux vaudrait imiter la civilisation européenne par là, que par les théâtres ou la roulette.

Malgré tout cela, les fonctions de procureur général en Égypte ne sont pas tout à fait une sinécure, comme on pourrait le croire, d'après le fait, que tous ses substituts européens, à l'exception du français, lui ont été enlevés par leur nomination comme juges.

C'est plutôt comme contrôleur général du timbre et des droits de greffe qu'il rend des services.

Ce contrôle a été créé, aussitôt que la haute magistrature, par sa prévoyance, sauva le personnel de la réforme du péril du commun des fonctionnaires égyptiens, en se réservant l'administration des recettes judiciaires. Par une combinaison ingénieuse des tarifs, élevant les frais au décuple de leur montant en France, on est arrivé à faire rétribuer la magistrature et le personnel des tribunaux presque entièrement par les justiciables eux-mêmes, le Trésor égyptien ne servant que cent mille francs par mois.

De ce qui précède, il est facile de conclure que l'action du pouvoir judiciaire en Egypte ne dépasse pas l'enceinte des tribunaux.

La dictature du vice-président de la cour prémunit en outre le gouvernement contre toute initiative soit de la cour, soit du corps de la magistrature. Une majorité disciplinée contribue à supprimer toute individualité.

Sous ce rapport la réforme produit l'impression d'un marché à forfait.

Au début, l'indépendance des juges prenait son essor dans les jugements. A cette époque passagère on doit l'arrêt Carpi et la longue série de jugements contre la daïra et le gouvernement, inaugurée le 23 mai 1876.

L'Europe ne connaît que l'arrêt Carpi. L'appel aux puissances, interjeté aussitôt par le Khédive lui a donné du relief.

Cet arrêt reconnaît les décrets d'unification, mais les réprouve comme portant atteinte aux droits légalement acquis d'un étranger.

Les jugements ultérieurs refusent au contraire toute force obligatoire à ces décrets, comme non sanctionnés par les puissances, et ne pouvant donc, d'après les capitulations, lier les étrangers.

Cette dernière jurisprudence accentuait le conflit déjà créé par l'arrêt Carpi. Elle confirmait la déclaration diplomatique du 15 novembre 1875.

Pour soutenir la lutte, il va sans dire que la magistrature seule ne suffisait pas. L'élément indigène pourrait facilement triompher et amener un revirement en faveur du Khédive.

Si les puissances avaient daigné suivre la marche de la réforme et se rendre compte des périls, auxquels la crise financière l'exposait, elles se seraient empressées de profiter de la jurisprudence du 23 mai pour intervenir collectivement auprès du Khédive et s'opposer aux mesures fiscales réprouvées déjà en justice.

Pareille ligne de conduite semblait dictée par la déclaration française.

La diplomatie européenne a préféré les remontrances isolées. Comme toujours elle n'a pas été écoutée.

Du même coup, le gouvernement égyptien discerna que l'arrêt Carpi n'émouvait pas les puissances, qu'il leur fallait même du temps pour exprimer leurs opinions là-dessus, bref que la diplomatie ne se souciait pas trop de la banqueroute égyptienne.

Echappant ainsi à tout contrôle immédiat, le Khédive a su profiter de la situation.

La justice de la réforme n'était redoutable, qu'autant qu'elle serait appuyée par la diplomatie.

Pour cela il aurait fallu que les puissances rejetassent immédiatement l'appel du Khédive, comme contraire aux dispositions des traités et aux règles de procédure y établies. En l'admettant au contraire, en prenant des mois pour faire connaître, et encore séparément, leurs vues sur l'arrêt Carpi, les puissances faisaient perdre de sa souveraineté à la justice souveraine de la cour d'appel. Leur hésitation n'entravait pas seulement l'exécution de l'arrêt, elle faisait tourner ce premier acte de justice contre le Khédive en thèse et cela suffisait au gouvernement égyptien.

Nous allons voir comment il en a profité pour transformer les tribunaux mixtes en tribunaux égyptiens.

IV

Sans trêve ni merci la daïra et le trésor ont été condamnés.

Mais ces condamnations n'amenant aucune pression diplomatique, n'avaient d'autre résultat que de stimuler le Khédive à soustraire ses biens à ses créanciers.

Les fortunes et les épargnes s'engloutirent. Le crédit égyptien s'affaissa. Les fonds tombèrent jusqu'au taux de 34 0[0. Tout payement cessa, même celui des fournisseurs.

L'accession de deux nouveaux sultans débarrassa le trésor de son dernier numéraire.

La politique turque s'opposa aux réclamations des puissances. L'Europe avait eu beau prêter à l'Egypte dans les dernières douze années une centaine de millions de livres sterling, le Khédive lui rappelait aujourd'hui qu'il était, avant tout, lieutenant du sultan.

Le fait était assez cynique. Il se passa tandis que les escadres européennes couvraient la Méditerranée. Leur inaction équivalait à la soumission diplomatique aux faits accomplis en Egypte.

Les colonies européennes s'y virent menacées de ruine. Le commerce, le trafic, le travail, tout chômait, comme il chôme aujourd'hui.

La société était en ébullition. Les patrouilles militaires, l'embarquement de tout un monde sans ressources prouvaient la vigilance du gouvernement local.

La confiance du public était dans la justice seule.

Elle était neuve. Elle s'était montrée vaillante par sa jurisprudence.

On ne se doutait pas qu'elle se trouvait isolée à défaut d'appui diplomatique, et qu'en elle-même elle était trop divisée pour pouvoir lutter contre le despotisme envahissant.

Au milieu de toute cette misère arriva le 1er juillet 1876, c'est-à-dire le commencement des vacances judiciaires.

Tous pensaient que la Cour dans cette crise n'abandonnerait pas sa place marquée à la tête de la magistrature.

Chimère! Les juges du tribunal suprême s'empressèrent de présenter leurs respectueux adieux au Khédive. Une lettre publiée le 26 juillet au *Times* rendit la bonne impression, produite par cette courtoisie, impression effaçant presque les idées fâcheuses, que le conflit, suscité par l'arrêt Carpi, aurait pu faire naître. Rentrée en grâce, la Cour se séparait et se dérobait pour quelques mois à la lutte sérieuse, que la situation faisait craindre.

Toutefois son vice-président restait. Pour suppléer à la réalité de leur absence, ses collègues lui laissèrent un mandat pour les représenter dans leur vote et leurs opinions en matière administrative. Cette fiction une fois admise, on se demande pourquoi ce mandat ne délégua pas en même temps l'autorité pour juger.

Rompant avec les lois et les règlements et ne comptant qu'avec l'opportunité, il n'y avait vraiment pas lieu de s'arrêter à la seule délégation des pouvoirs administratifs.

Lors du départ de la Cour, la question de l'exécution des jugements était à l'ordre du jour. Exécutoires par provision, et rendus par défaut, ils se périmaient en six mois. La plupart dataient du 23 mai.

Cette exécution regarda exclusivement le tribunal de première instance à Alexandrie, d'après les dispositions légales que voici :

Art. 10 du règlement d'organisation judiciaire : *Le gouvernement, les administrations, les daïras de S. A. le Khédive et des membres de sa famille sont justiciables de ces tribunaux dans les procès avec les étrangers.*

Art. 11 du même règlement. — *L'exécution des jugements aura lieu en dehors de toute action administrative ou autre et* SUR L'ORDRE DU TRIBUNAL. *Ellè sera effectuée par les huissiers du tribunal, avec l'assistance dè l'autorité locale, si cette assistance devient nécessaire,* MAIS TOUJOURS EN DEHORS DE TOUTE INGÉRENCE ADMINISTRATIVE.

Art. 515 du Code de procédure civile et commerciale. —

Si les portes sont fermées ou s'il est fait contre l'huissier des actes de violence ou de résistance, il prendra toutes les mesures conservatoires pour empêcher les détournements et requérir la force publique et l'assistanee de l'autorité locale; si elle lui est refusée, il s'adresseru au président, qui requerra la force publique au nom du tribunal.

Qui aurait prévu qu'à leur première application ces dispositions se trouveraient être sans aucun effet?

La Banque italo-égyptienne demanda un huissier pour l'exécution de deux jugements contre la daïra de S. A. le Khédive. Ces deux jugements étaient du 23 mai. Ils étaient postérieurs à l'appel, interjcté de l'arrêt Carpi, et rendus sur de tout autres motifs, de sorte que rien ne s'opposait à la demande. Toutefois, l'huissier ne fut désigné qu'après l'impossibilité d'un arrangement amiable démontrée.

Comme juge de service, j'avais à surveiller ses actes.

Le 11 juillet, il se présenta au palais Mustapha.

L'intendant, tout en reconnaissant que ce palais appartient au vice-roi, en refusa l'entrée à l'huissier, malgré sa déclaration d'être venu pour la saisie-exécution des meubles, en vertu des deux jugements exhibés.

Le lendemain, la daïra s'opposa en référé. La caution n'ayant pas été fournie pour l'exécution provisoire, elle eut gain de cause.

L'exécution allait être reprise, caution fournie. La contenance de la Daïra étant à prévoir, la question de l'exécution fut préalablement soumise aux cinq juges européens alors présents à Alexandrie. Leur délibération, au 16 juillet, aboutit à la reconnaissance unanime du droit de fermer le prétoire, aussitôt que l'autorité désarmerait la justice en lui refusant sa soumission et son concours. Une seule voix se déclara contre *l'opportunité* d'une pareille mesure. Cet avis ne fut nullement partagé.

Le 17 juillet, l'exécution reprit son cours, avec le même résultat négatif que le 11. Le 18 juillet, le gouverneur d'Alexandrie refusa à l'huissier l'assistance de la force publique.

Le procès-verbal de cette date constata le refus de la daira de se soumettre aux jugements de la Réforme et celui du gouvernement de prêter main-forte à leur exécution.

Ce double refus constata la violation manifeste des articles 10 et 18 du règlement organique, c'est-à-dire celle des engagements les plus solennels, pris par le Khédive vis-à-vis des puissances signataires des traités sur la Réforme.

C'est un fait si anormal que celui de voir un gouvernement refuser son appui à la justice, qu'il convient d'en développer les conséquences.

En Europe, pareil refus équivaudrait au suicide politique. En Égypte, au contraire, il profite au Khédive, couvrant et défendant sa position privée de banquier, de commerçant et d'agriculteur, par sa position politique.

En outre, la justice de la Réforme n'est pas une institution nationale. Elle n'est respectée que pour autant que le respect est imposé.

L'Europe paraît intéressée à se rendre compte surtout du dernier fait. La non-exécution des jugements partant des conventions judiciaires, s'est produite du premier coup.

Elle désarma la justice. Or, la diplomatie n'étant pas intervenue ni pour sauver le prestige politique, ni pour défendre les intérêts financiers, la non-exécution des jugements est devenue en Egypte l'état normal de la justice.

Il est clair que cet état des choses y rend la justice illusoire. En la suspendant à son profit, le Khédive à détruit la force coercitive, dont tout jugement est pourvu par la loi. En effet, comment appliquer la loi aux habitants, citoyens ou étrangers, après l'avoir écartée en faveur du débiteur gouvernant? Ordonner l'exécution par la force armée contre le public, ruiné par la crise financière provoquée par le gouvernant, est tout simplement impossible, depuis que l'autorité a refusé et continue à refuser son concours pour l'exécution des jugements contre le Khédive. Ce serait violer la sainte règle de l'égalité devant la loi, sanctionnée par les conventions judiciaires. La résistance du gouvernement a donc pour effet de désarmer la justice, à tel point que l'exécution de ses jugements dépend absolument du bon plaisir du débiteur condamné.

Ainsi la réforme n'a servi qu'à introduire l'anarchie judiciaire.

Quels que soient les défauts de l'ancienne juridiction consulaire, jamais elle n'a eu un résultat aussi néfaste.

Evidemment l'Europe n'a pas abandonné l'ancien système, ne s'est pas associée au Khédive pour lui permettre qu'il use de la justice à sa fantaisie et au détriment de ses nombreux créanciers.

A défaut d'une pression diplomatique exigeant l'exécution des traités, c'est-à-dire la soumission du Khédive aux arrêts de la justice, celui-ci jouit d'une immunité sans exemple. Sous les yeux de la justice et des consuls, il a rendu l'exécution matériellement impossible, en détournant son avoir aux dépens de l'Europe.

Le simple bon sens fait demander comment les puissances peuvent tolérer tout cela? Même en admettant qu'un règlement diplomatique de la dette soit impossible, la déclaration française du 15 novembre 1875 fournit toutefois les moyens à l'Europe de se retirer de la réforme, depuis qu'elle ne répond pas aux premières notions du juste et de l'équitable.

Une pareille contenance aurait au moins cet avantage de dégager les puissances de la responsabilité envers leurs colonies en Égypte, assumée par les traités sur la réforme.

En même temps elle rendrait aux consuls leur liberté d'action, entravée aujourd'hui par la diminution de leurs attributions judiciaires.

Cette liberté d'action permettrait enfin à l'Europe d'opposer à la mauvaise foi et aux ruses sa force et sa volonté inébranlable.

C'est à cette seule condition que la question égyptienne n'acquerra pas le développement de la question d'Orient, et que l'Europe à force d'insouciance et de manque d'ensemble, ne se trouvera un jour en Égypte devant le gâchis inextricable que lui présente aujourd'hui la Turquie.

En prévision des suites funestes du désarmement de la

justice, les juges européens prirent leur décision du 16 juillet mentionnée ci-dessus.

Le premier tribunal appelé à juger après la non-exécution des jugements au 18 juillet était celui de justice sommaire, que j'avais l'honneur de former comme juge unique. L'audience était fixée au lendemain.

J'avais donc à me rendre compte de la fausse situation, créée à la justice.

Ignorer les faits, commis sous mes yeux comme juge de service, et dûment constatés, eût été établir un précédent compromettant. Peu importait en effet la composition du tribunal. C'était toujours la justice, qui se devait compte de ce qui s'était passé. Or elle se refusait à prononcer des jugements, qui bien loin de représenter des titres exécutoires incontestables, ne seraient plus, à défaut de force coërcitive, que des titres aléatoires.

Cependant tout extrême était à éviter. Ainsi la clôture du prétoire parut un acte trop grave, pour émaner d'un juge unique, bien qu'il constituât un tribunal indépendant. Pour toute sécurité, j'ai aimé sauvegarder ma responsabilité par une consultation de la chambre du conseil. A cet effet je lui déclarai, ce même 18 juillet, me récuser, ne me trouvant pas la conscience libre pour rendre des jugements définitifs en présence de leur non-exécution de la part de la daïra et du gouvernement. Ce seul motif soumettait le débat du 16 à la chambre du Conseil. Pour en attendre la solution mon audience fut remise au 20 juillet.

Dans la soirée du 19, l'ordonnance de la chambre du Conseil me fit voir que le motif allégué était laissé intact, et que le tribunal rejetait la propre récusation uniquement par la considération que la récusation n'est pas admissible pour des causes étrangères aux litiges. Cela parut confirmer tacitement l'opinion unanimement énoncée le 16, que la non-exécution entrave la justice (1).

Voulant éviter la clôture du prétoire, il fallait chercher un

(1) Voyez les pièces, App. II p. 78.

moyen terme. Ce moyen terme a été trouvé dans l'énoncé de la non-exécution suivi d'un renvoi à date fixe,

Ce renvoi fut fixé au 28 octobre, pour pouvoir saisir la Cour de la question lors de sa rentrée.

En même temps l'abréviation du délai fut réservée pour le cas, où le gouvernement reviendrait sur ses pas, spontanément ou à la suite d'une intervention diplomatique.

Il y une grande distance entre la coupe et les lèvres. Il dut donc se produire des incidents entre la conception et le prononcé de ce jugement.

A peine le jugement fut-il conçu de la manière, que je viens d'indiquer, que M. le procureur général par intérim m'honora de sa visite. Le discours tomba sur les difficultés actuelles; je lui fis connaître le projet du jugement, et sur sa prière, je l'autorisai à en faire communication au vice-président de la Cour, M. le docteur Lapenna.

Ainsi le gouvernement et le chef de la magistrature se trouvaient renseignés à temps sur la jurisprudence à intervenir, ce qui avait l'avantage de leur permettre d'éviter le conflit par le redressement des faits.

Un tout autre moyen fut mis en œuvre pour parer aux circonstances. Le 20 juillet, prêt à entrer en audience, je reçus la visite du substitut du vice-président du tribunal et de celui du procureur général. Le premier de mes honorables interlocuteurs m'annonça, que par ordre de M. le vice-président de la Cour, il me remplacerait à l'audience, si je ne lui promettais pas de prononcer séance tenante dans les affaires en état. Son honorable compagnon ajouta qu'il se verrait forcé de quitter l'audience, si je prononçais les jugements d'après le projet communiqué.

Étonné d'un pareil procédé et indigné d'une pareille pression, inconciliable avec l'indépendance du juge, je passai outre et occupai le siége, que la confiance de mes collègues et de la Cour m'avait désigné.

L'audience eut lieu comme d'ordinaire, à cette exception près, que dans 7 des 47 affaires le jugement suivant est intervenu.

Le tribunal de justice sommaire jugeant en première instance.

Attendu que l'affaire est en état.

Attendu cependant que la justice ne prononce que sous la garantie gouvernementale de l'exécution objective de ses arrêts;

Attendu que pour le moment cette garantie se trouve supprimée,

Attendu que par cette suppression les jugements se trouvent privés de l'autorité souveraine, dont la loi les a investis et du maintien de laquelle l'art. 515 *du Code de procédure civile et commerciale charge les tribunaux dans la personne de leurs présidents,*

Attendu que la suppression de la garantie précitée implique celle des règles de procédure, qui dans les circonstances normales permettent, de juger sur le-champ ou à huitaine,

Par ces motifs,

Retient l'affaire — la renvoie à l'audience de ce tribunal de samedi 28 *octobre* 1876 *ou bien antérieurement à cette date à celle que le tribunal fixera aussitôt que la certitude légale de l'exécution objective des jugements sera rétablie,*

Réserve les frais.

V

Entre le manque de respect envers la justice et celui envers le juge, il n'y a qu'un pas.

A peine le premier renvoi était-il prononcé, que le ministère public quitta l'audience.

La sage réflexion, bien loin de trouver dans le jugement du jour une pierre d'achoppement, y aurait vu une issue de l'impasse où se trouvaient les signataires des traités, depuis que la Réforme, pour avoir rejeté les décrets d'unification, trouvait aujourd'hui ses propres arrêts méconnus.

La seule solution efficace semblait le règlement diplomatique de la dette, à l'instar de celle de la dette tunisienne.

Pour y parvenir une trève était indispensable.

Elle se trouvait virtuellement établie par le fait que la justice déclarait remettre à trois mois ses jugements définitifs.

Au début des vacances, en l'absence de la Cour, c'est-à-dire par l'impossibilité du recours en appel, la première instance pouvait sans inconvénient ralentir sa marche. Les plus pressés parmi les justiciables trouvaient toujours au sommaire le moyen de la conciliation.

Le mécontentement du gouvernement, manifesté par la sortie du M. P. n'était donc rien moins que fondé. Il prouvait seulement son désir de prolonger la situation, ou pour mieux dire la crise actuelle.

La démarche du M. P. démontrait la crainte, qu'avait le gouvernement de voir les autres juges accepter la solidarité, établie par la délibération du 16 juillet. Par cette seule raison ce dernier s'est aussitôt appliqué à isoler la jurisprudence du jour et le juge dont elle émanait.

A la sortie de l'audience, le Tribunal se trouvait convoqué en assemblée générale. Le président par intérim y proposa, mais sans motif, le remplacement du juge délégué à la justice sommaire. M. le procureur général par intérim se chargea du développement de cette proposition.

D'après lui, la justice, se trouverait suspendue et cette suspension ne serait loisible, que du consentement des puissances. La réplique objecta qu'un renvoi à date fixe, avec la réserve expresse de retenir l'affaire, ne saurait être considéré comme une suspension de la justice.

Elle combattit en même temps la proposition comme attentatoire à la liberté de conscience et à l'indépendance du juge, comme substituant au droit et à la justice les vues de la politique. Elle démontra enfin que le Tribunal, n'ayant aucune compétence disciplinaire, et le remplacement constituant une censure on ne pouvait y procéder.

Le tribunal sut respecter sa dignité. Il rejeta la proposition par cinq voix contre deux.

Evidemment le président et le procureur général, en l'émettant et en la défendant, n'avaient pas agi de leur propre initiative. Le premier s'était associé le 16 juillet aux vues de ses collègues, que la non-exécution des arrêts entraîne de droit la suspension de la justice, et quant au dernier, la veille encore il n'avait aucune objection à faire contre le jugement, qu'il allait communiquer à l'honorable docteur Lapenna.

La situation était donc assez équivoque. L'incident avant l'audience, relevé plus haut, avait démontré que M. le vice-président de la Cour s'était séparé des vues des juges, mais jusqu'à quel point? et cela étant, pourquoi se cachait-il, et préférait-il choisir un collègue pour l'exécution de ses hautes œuvres? Voilà un mystère, qui fut dévoilé le lendemain.

Le jugement du 20 juillet avait jeté le désarroi dans l'entourage du vice-roi. La justice avait osé parler du seul ton, qui lui convient, c'est-à-dire péremptoirement et catégoriquement. Cela suffisait pour sacrifier le juge unique, qui avait osé se montrer son interprète.

Le 22 juillet, le bruit se répandit que le ministre de la justice était venu du Caire pour conférer avec M. le vice-président de la Cour. Ce dernier avait épousé l'indignation vice-royale en lançant aussitôt une ordonnance par laquelle il changea la répartition annuelle des juges, pour me rappeler du tribunal de justice sommaire et m'incorporer pendant le mois d'août à la chambre des vacations.

Cette ostentation parut nécessaire afin d'éviter que les autres juges se conformassent à l'opinion unanimement émise le 16 juillet.

D'après la Cour de cassation en France cette mesure était un véritable *excès de pouvoir* (1).

La répartition des juges se fait, en Egypte comme en France, pour toute l'année judiciaire, à une époque fixe, de sorte que les motifs des arrêts de la Cour de cassation en France s'appliquent à l'acte du remplacement intérimaire.

Les conséquences de cet excès de pouvoir étaient des plus regrettables. En effet, il sacrifiait au Khédive les garanties les plus essentielles de la justice, telles que la liberté de conscience, l'indépendance du juge et l'autonomie des tribunaux.

Y eut-il au moins une excuse? Les jugements du 20 juillet compromettaient-ils par exemple la justice?

Leur partie essentielle, c'est-à-dire leur dispositif, ne coutient qu'un renvoi à date fixe, bien motivé.

Mais les renvois peuvent-ils être prononcés d'office, même en dehors des conclusions des parties? Le cas du « délibéré » répond à cette question.

Le mal, si mal y avait, serait donc à rechercher dans les motifs. Cette recherche n'est que scruter la conscience. N'importe, examinons même les motifs.

Le premier rend l'axiome reconnu depuis des siècles, mis en lumière par Letrosne : « *Que la justice ne prononce que sous la* « *garantie gouvernementale de l'exécution objective de ses ar-* « *rêts.* »

Le second reproduit la vérité constatée au procès-verbal authentique du 18 juillet, « *Que la garantie sus-mentionnée vient* « *d'être supprimée.* »

---

(1) Dalloz. Rép. org. jud., t. XXIV, p. 1530, § 224.

Le troisième avance la conclusion directe de l'axiome précité, « *que par cette suppression, les jugements se trouvent privés de* « *l'autorité souveraine dont la loi les a investis et du maintien de* « *laquelle l'art.* 515 *du Code de procédure charge les tribunaux* « *dans la personne de leurs présidents.* »

Enfin, le quatrième établit le résultat « *que la suppression de la* « *garantie précitée implique également la suppression des règles* « *de procédure qui, dans les circonstances normales, permettent* « *de juger sur-le-champ ou à huitaine.* »

Ainsi les motifs ne contiennent que la vérité, même à l'état d'axiome.

Raison de plus pour ne pas oublier l'observation suivante de Carnot (Disc. 12) : « La présomption naturelle et de droit est, « jusqu'à preuve du contraire, que le juge a prononcé d'après les « lumières de sa conscience, et il appartient au maintien de « l'ordre public de ne laisser planer aucun doute sur un point de « cette importance. »

Contraire aux règlements, aux traditions et aux intérêts de la justice, l'ordonnance du 21 juillet me rappelant du tribunal de justice sommaire, constitue bien moins un acte judiciaire qu'un acte politique.

En le considérant comme tel, il est permis de demander ce qui permettait au mandataire de la Cour d'appel de concéder au Khédive non-seulement que la justice peut marcher sans l'exécution de ses arrêts, mais encore que le juge, qui soutient le contraire, est indigne de ses fonctions ?

Pour être nullement justifiée, l'ordonnance du 21 juillet n'en fut pas moins imposée au tribunal.

Il dut en subir la lecture après avoir été convoqué à ce seul effet.

Le silence qui suivit ressembla au *requiem* de la Réforme.

La volonté d'un seul magistrat, d'après les règlements élu pour un an, pour n'être que le premier entre ses pairs, venait annuler la décision prise la veille par sept juges. Ainsi l'autonomie des tribunaux fut écrasée. La dictature s'imposait, forte et redoutable, par son parfait accord avec le Khédive.

L'union seule aurait pu y résister. Elle était dissoute. La même majorité de 5 voix, qui la veille avait décidé la continuation des fonctions du juge, rejeta le lendemain la proposition de le maintenir.

Je serai le dernier à jeter la pierre à mes anciens collègues pour ne pas avoir résisté. La peur est mauvaise conseillère.

Pour tous ceux qui voient dans la réforme une œuvre de progrès, la question est importante de savoir sur quelle base la dictature était fondée. Cette question est encore aujourd'hui d'une grande actualité, la justice en Egypte se trouvant devant une banqueroute si colossale, que l'imagination la plus désordonnée ne saurait se la figurer.

La dictature s'est-elle imposée pour combattre le dol et la fraude?

La réponse à cette question se trouve dans le fait, que la mauvaise foi a eu beau jeu avec une dictature forçant la magistrature non-seulement à se résigner au désarmement de la justice, mais encore à dissimuler sa prostration et à la cacher aux yeux du monde.

Aussitôt que le tribunal d'Alexandrie s'était laissé entraîner à désavouer la jurisprudence du 20 juillet, quoique rendant l'opinion unanime de ses juges européens, telle qu'elle s'était manifestée le 16, le gouvernement triomphait de la réforme. Elle se trouvait réduite au rôle de prononcer académiquement des arrêts, malgré sa profonde conviction de leur futilité, comme destinés à ne pas être exécutés.

La situation se trouve admirablement dépeinte par le bon mot suivant prêté au Kédive. « La réforme, aurait dit S. A., a, comme un bébé récalcitrant, voulu mordre le sein de sa mère, mais les caresses ont suffi pour la calmer. »

Inutile de chercher qui a été cajolé.

En dominant les juges, on conjurait, du moins pour le moment, le danger d'une intervention diplomatique. Seulement ce danger pouvait venir du dehors, la presse européenne rendant compte des faits. Aussi s'est-on empressé, comme nous allons voir, de l'instruire à la mode égyptienne.

Le vice-président de la Cour s'était à peine montré superbe et cassant, que M. le Dr Lapenna s'empressa d'accabler le juge sacrifié d'éloges et de marques d'estime. A la sortie de l'Assemblée du tribunal il fut le joindre. Le but évident de cette tactique était d'obtenir la remise sans bruit de la présidence du tribunal de justice sommaire.

Ce but fut atteint, mais en même temps mes protestations firent retirer mon appel à la chambre des vacations. Le lendemain on voulait bien y revenir, mais le prétexte que ce n'était pas M. le vice-président mais le Dr Lapenna, qui s'était rétracté, était insoutenable.

Pendant que cette révolution de sérail s'accomplissait au palais de justice, les colonies s'impatientaient de savoir si la jurisprudence du 20 juillet serait maintenue.

Le public s'émut en voyant, le 22, le siége de la présidence du tribunal de justice sommaire occupé par un autre. Des cris peu flatteurs se firent entendre au prétoire. M. le vice-président de la Cour dut intervenir pour faire évacuer le palais.

Cette évacuation ne fit que communiquer l'indignation aux colonies, émues déjà par les appréciations du *Phare*. Elles organisaient une ovation. Le soir, des milliers de personnes voulaient présenter leurs hommages au juge rappelé. Ne le trouvant point, ils témoignèrent devant l'imprimerie du *Phare* de leurs sentiments blessés.

Cette manifestation était trop spontanée pour ne pas être une protestation. Cela a suffi à la rendre odieuse à l'autorité.

Sous prétexte que des cris séditieux auraient été proférés, l'intimidation fit son œuvre. Quelques Italiens furent embarqués, et j'ai eu l'honneur de voir garder pendant des mois les abords de ma maison par un garde à cheval.

Carnot n'avait pas tort. En flétrissant la jurisprudence, on rend les juges suspects, et on compromet en même temps l'ordre public.

Malgré toute l'ingérence de la police, le public alexandrin n'a cessé de tenir à la jurisprudence du 20 juillet.

En même temps la presse européenne commençait à analyser la situation en Egypte. Des journaux influents comme le *Daily*

News et la *Pall Mall Gazette*, mirent les jugements du 20 juillet dans leur vraie lumière.

Tout cela était assez contrariant. Il fallait une réponse à ces articles.

La réforme a donné l'exemple inouï d'une critique de jugements susceptibles d'appel, publiée par des juges en appel.

VI

La *Nouvelle presse libre* de Vienne publia le 17 août 1876, la correspondance suivante :

« Monsieur le rédacteur ! Dans l'édition du matin de votre journal du 21 juillet, arrivée hier à Alexandrie, paraît le télégramme suivant, expédié le 20 juillet par l'Agence Reuter d'Alexandrie à Londres, et de Londres à Vienne.

« Le gouvernement égyptien s'est refusé à l'exécution des jugements qui le condamnent. Aussitôt après, le président du tribunal de 1re instance Haakman, a tenu ce matin une audience à laquelle il fut résolu de ne plus admettre des procès et de suspendre le fonctionnement du tribunal. La plus grande excitation règne en ville.

« Les membres du tribunal sont réunis en assemblée. » .

« Les faits publiés par ce télégramme sont en partie faux, en partie dénaturés.

« Dans l'intérêt de la vérité et de l'institution à la tête de laquelle m'appela la confiance de mes collègues, je vous prie d'accorder une place à la rectification suivante.

« 1° Le refus d'exécution de la part du gouvernement égyptien, se rapporte à ces décisions judiciaires, par lesquelles le gouvernement et la Daïra Sanieh (Administration particulière du Khédive), ont été condamnés au payement intégral des dettes cambiales, comprises dans les décrets d'unification du 7 avril et du 8 mai.

« Après le rejet de l'exception d'incompétence, soulevée dans ces procès, le gouvernement a cru pouvoir s'en référer aux grandes puissances par l'intermédiaire des consuls généraux et en même temps en refuser l'exécution jusqu'à la décision diplomatique.

« 2° Haakman (ci-devant substitut du procureur du roi en Hollande) n'est pas président du tribunal de 1re instance; il fut le juge délégué de ce tribunal pour les affaires sommaires.

« 3° La résolution, prise par Haakman au 20 juillet renvoyait les litiges du jour au 28 octobre ou à telle date plus rapprochée, qui serait fixée après le rétablissement de l'exécution.

« 4° Ni la daïra, ni le gouvernement ne furent interessés aux procès renvoyés sur la résolution de Haakman.

« 5° La résolution de Haakman n'a été approuvée ni avant ni après, soit par le tribuual, soit par ses collègues.

Aussi il n'est pas question d'une assemblée générale approuvant cette résolution.

« 6° Au contraire Haakman fut aussitôt (21 juillet) rappelé par moi avec l'assentiment du tribunal.

« Le juge Antoniades délégué à sa place, s'acquitte depuis régulièrement des fonctions de juge en matière sommaire.

« 7° Tous les tribunaux mixtes et les juges uniques fonctionnent sans obstacle, sans interruption et j'ose dire au contentement général.

« La résolution du gouvernement égyptien, mentionnée au paragraphe premier, peut être grave en ses conséquences; au contraire l'épisode Haakman, à laquelle on fait faire le tour du monde en dénaturant les circonstances, se montre comme un acte arbitraire d'un seul juge sans importance, l'appréciation duquel, par voie disciplinaire, reste, en vertu du règlement judiciaire, réservée à l'assemblée générale de la Cour d'appel, à sa rentrée au mois d'octobre.

« Agréez M. le rédacteur l'expression de ma considération distinguée. »

Alexandrie, 5 août 1876.

Signé : Dr Lapenna,

Vice-président dirigeant de la Cour d'appel mixte en Egypte.

Cette publication offre une étude non-seulement de caractère mais encore de mœurs; elle dépeint tant son auteur que l'institution à la tête de laquelle — comme il le dit — la confiance de ses collègues l'a appelé.

L'étude de caractère se trouve dans le relevé du fait d'avoir réprimé la jurisprudence, ce qui équivaut au renversement de l'ordre moral. Le tact, le bon goût et la délicatesse, indispensables à tout magistrat, mais surtout au magistrat en chef, se traduisent par le fait même de la publication d'un document, qualifiant d'arbitraire la jurisprudence d'un tribunal, traitant son président avec un grossier sans façon, et divulguant enfin le secret d'une poursuite aussi délicate, que celle en matière de discipline, avant que l'inculpé en soit prévenu.

Tout cela donne un cachet tout particulier à la direction de la réforme et établit à l'évidence non-seulement le désarmement, mais encore la désunion de la justice.

En dehors de ces côtés saillants, la correspondance, dont ils s'agit, a la prétention de vouloir persuader le public de sa sincérité, tant par sa tendance à rectifier les faits, que par sa signature bien officielle.

L'analyse sommaire de ses paragraphes fera ressortir leur valeur.

D'après le premier, le refus d'exécution de la part du gouvernement, serait sinon justifié, au moins complètement expliqué par son désir d'attendre la décision diplomatique sur son appel des décisions de la réforme. Le refus ainsi présenté, la jurisprudence du 20 juillet ne peut que paraître étourdie et légère. C'est bien cet effet que la correspondance veut produire. Examinons les faits. Les jugements dont l'exécution fut refusée sont du 23 mai. L'appel aux puissances est *antérieur*, et ne touche que l'arrêt Carpi, rendu sur de tout autres motifs. Ainsi les jugements en souffrance n'ont rien de commun avec l'appel sus-mentionné, et le désir du gouvernement d'attendre la décision des puissances, s'il eût été formulé, aurait été dénué de sens.

Ajoutons toutefois que ce désir, si complaisamment avancé, n'a pas même été formulé.

Du procès-verbal de l'huissier Patrese il appert :

1° Que le directeur de la daïra a soutenu que sa caisse était confondue avec le trésor.

2° Que l'intendant du palais Mustapha en a refusé l'entrée à cause de la présence du harem, sans réfléchir qu'il restait bien des appartements luxueusement garnis inoccupés, et qu'en tout cas les écuries et les remises étaient accessibles aux profanes.

3° Que le gouverneur d'Alexandrie a déclaré péremptoirement, qu'en présence du décret de 8 mai, l'autorité n'appuierait pas l'exécution.

Dans toutes ces réponses il ne perce d'autre désir du Khédive que celui de ne pas payer et de ne pas être dérangé par la justice.

Ainsi le refus d'exécution fut aussi clair et aussi net que possible. Cela motive la jurisprudence du 20 juillet comme protestation judiciaire de la violation manifeste des lois et des traités sur la réforme.

La justice avait au 20 juillet les yeux trop bien bandés, pour s'effaroucher de la vérité, qu'elle présentait au monde.

La correspondance de la *Nouvelle Presse libre* avait au contraire les yeux trop ouverts pour ne pas comprendre qu'un travestissement à l'égyptienne assurerait à sa vérité à elle toutes les conquêtes voulues.

Examinons les autres paragraphes, destinés à parodier la justice et le juge !

Présenter de vrais jugements sous l'aspect de simples résolutions c'était déjà du savoir-faire, en écartant toute idée de gravité et de réflexion, en faisant penser à quelque détermination brusque et préparant ainsi à la conclusion que le juge s'est rendu coupable d'un acte arbitraire.

Les paragraphes font échelle pour faire accepter cette conclusion habilement mise en avant.

La troisième l'étend à toutes les affaires du jour, tandis que les jugements incriminés ne sont intervenus que dans 7 des 47 causes et que les jugements préparatoires, interlocutoires et les transactions sont intervenus comme d'ordinaire.

Les cinquième et sixième, voulant présenter le juge comme ne suivant que ses propres vues, ont négligé de mentionner le parfait accord existant entre ses collègues européens et lui au 16 juillet, se reflétant encore le 19 dans la décision sur sa propre récusation et se traduisant enfin le 20 par le rejet de la proposition de son rappel.

Toutes ces réticences signalent la correspondance en question comme un acte politique.

Tandis que les Viennois eurent le 17 août la primeur des faits et gestes en Egypte d'un de leurs hommes politiques les plus connus, tout Paris s'en trouvait informé le 19 août par la *Gazette des tribunaux*. Ce journal sérieux publiait une correspondance alexandrine, qui ne l'était pas, en se bornant à copier et paraphraser celle de la *Nouvelle Presse libre*. Elle cachait ce petit défaut sous un cachet officieux des plus transparents, parce qu'elle rendait presque textuellement les conclusions de M. le procureur général par interim, soit à certaines audiences, soit à l'assemblée générale du 20 juillet.

Ce serait tomber en redites que d'analyser cette correspondance. Il suffit de relever son paradoxe, que les juges en Egypte sont astreints à rendre des jugements définitifs, jusqu'à ce que les puissances les en relèvent.

Qu'on me passe la qualification de paradoxe, mais qui pourra soutenir qu'il existe des juges mandataires?

Pour ceux qui se considèrent ainsi, il devait toutefois être clair que, comme mandataires, ils sont obligés à faire connaître aux puissances tout obstacle empêchant l'exécution de leur mandat.

Encore sous ce point de vue les jugements du 20 juillet soutiennent la comparaison avec leur critique dans les deux correspondances analysées.

Unique dans son genre est le tableau, que les deux correspondants font du fonctionnement sans obstacle des tribunaux, et du contentement des justiciables!

Probablement ils ont trouvé dangereux de présenter même sur ce point la vérité sans fard.

Mais dangeraux pour qui? La chose publique y aurait-elle perdu, si l'opinion unanime des juges européens rendue par les jugements du 20 juillet eût été respectée, et eût prévalu sur les intrigues et les menées.

La foule des ruinés par la banqueroute égyptienne y aurait-elle perdu en voyant la violation des traités signalée à la diplomatie, de manière à la réveiller de sa torpeur?

Et la réforme elle-même y aurait-elle perdu de voir la magistrature unie par la conscience de sa dignité, se refusant à fermer les yeux sur le mépris du droit et de l'équité ?

Nous ne le pensons pas et croyons le danger par trop individuel pour nous abaisser à sa recherche.

Cependant ce fut un vrai acharnement qui se déchaînait contre les jugements du 20 juillet.

Les attaquer par la voie de la presse ne suffisait pas. Leur trace même dut disparaître. Pour se rendre digne de l'éloge fait de sa régularité par la publication dans la *Nouvelle Presse libre*, le nouveau juge au tribunal sommaire s'est empressé de les révoquer.

Les codes, la jurisprudence et la doctrine universelle avaient beau s'y opposer. Les suivre aurait été considéré comme un acte irrégulier.

L'éloge du fonctionnement sans obstacle fut-il un sortilége ? Il est de fait que l'énorme arriéré des affaires, existant aujourd'hui au tribunal d'Alexandrie, s'est produit depuis le 21 juillet.

La cause la plus naturelle est à rechercher dans le fait que le sentiment de sacrifier ses convictions énerve tout juge.

Les faits prouvent quelle est la vraie source de l'apathie judiciaire actuelle, faisant le désespoir du barreau et des justiciables.

La convention du 16 juillet, réprimée, violentée, foulée aux pieds, n'a pas cessé de hanter la chambre des vacations comme un remords.

Le 26 septembre elle fit irruption. C'était le tour des affaires contre la daïra et le gouvernement, remises à ce jour.

Comme d'habitude, le défendeur demandait une remise et se trouvait appuyé par M. le procureur général par intérim, ne voyant une suspension de la justice que dans les remises au tribunal de justice sommaire.

On s'attendait à ce que le tribunal prononcerait le rejet traditionnel, surtout après les protestations énergiques des avocats des demandeurs.

La stupéfaction était générale lorsque le tribunal accorda la remise, même au 8 novembre.

Que s'était-il donc passé ? Rien, sinon que le vice-président du tribunal, revenu d'Europe, avait repris son siége.

En présence de la non-exécution, le tribunal entier se refusait à des jugements définitifs, à l'instar de son ancien délégué au sommaire.

Le ralliement s'était opéré entre la jurisprudence du juge unique et celle du tribunal entier.

Il prouvait combien la joie officielle et officieuse sur le fonctionnement sans obstacle et sans interruption avait été prématurée.

Nous allons voir après comment la politique a su regagner le terrain perdu.

Pour le moment, un fait antérieur réclame notre attention, à savoir que l'ordonnance du 21 juillet avait été rétractée, en tant qu'elle m'appelait à la chambre des vacations.

Le 29 juillet elle avait été renouvelée par une autre pour le mois de septembre.

La correspondance dans la *Nouvelle Presse libre* la présentait comme une répression, partant comme un châtiment. En dehors de cette qualification, la même correspondance en rendait l'exécution impossible par la situation, qu'elle me créait.

La jurisprudence du 20 juillet étant qualifiée d'acte arbitraire, la soumission à l'ordonnance du 29 m'aurait mis dans un des cas suivants.

Voter à la chambre des vacations, d'après ma conscience, la remise de tout jugement définitif, aurait été sciemment réitérer un acte qualifié répréhensible, ce qui pourrait être interprété comme compromettant mon honorabilité de magistrat.

Voter contre ma conscience, par respect pour la qualification officielle des jugements definitifs, aurait été compromettre la liberté de mon vote.

Refuser enfin mon vote aurait constitué un déni de justice.

Aucune échappatoire ne se présentait après le rejet de ma propre récusation au 19 juillet.

Dans les deux premiers cas m'attendait la destitution, d'après l'art. 24 du règlement organique, dans le troisième celle d'après l'art. 126 du Code pénal.

Ainsi l'exégèse, publiée dans la *Nouvelle Presse libre*, démontrait que l'ordonnance du 29 juillet imitait les anciens firmans, accompagnant le lacet.

Je me suis donc tenu pour prévenu du chef d'une faute disciplinaire et prêt à en attendre la poursuite, tout en continuant mes autres fonctions (1).

La justice souveraine de la Cour d'appel en Egypte va démontrer que je me trompais.

---

(1) La répartition du service pour la première année me chargea des fonctions de la présidence du Tribunal de justice sommaire, et en outre de celles de membre de la Commission spéciale pour les affaires contre le Gouvernement, de juge d'instruction, de juge des adjudications judiciaires. Pendant trois mois, j'ai fonctionné en même temps comme juge de service.

VII

Le mandat, dont la Cour d'appel avait investi son vice-président, bien loin d'avoir contribué au maintien de la discipline, avait servi à la braver.

Le changement arbitraire dans la répartition des juges, les attaques publiques, dirigées contre la jurisprudence et la publication du secret d'une poursuite disciplinaire constituaient des écarts du règlement judiciaire, aussi manifestes que regrettables.

L'intérêt du service exigeait d'en référer à la sagesse de la Cour.

C'est pourquoi je lui ai adressé un rapport des avanies, auxquelles son mandat m'avait exposé. Ce rapport, signé en ma qualité de président du tribunal de justice sommaire, fut déposé au greffe de la Cour, la veille de sa première assemblée générale après les vacances, le 13 octobre.

Il faisait double emploi, en servant en même temps comme mémoire de défense. Comme tel il rectifiait les faits, publiés à ma charge comme faute disciplinaire. En même temps il faisait ressortir l'impossibilité de faire juger par la Cour l'incrimination, lancée dans les journaux par son vice-président, impossibilité d'autant plus grande, qu'ainsi le vice-président lui-même avait enfreint la discipline, et que pourtant la Cour pouvait difficilement désavouer son président et son mandataire.

Prémunie ainsi contre tout entraînement, la Cour aurait à réfléchir si elle réaliserait le vœu de son vice-président, exprimé par la voie de la presse, de poursuivre un juge à raison de sa jurisprudence non entachée de dol ni de fraude.

S'y résoudre, c'était détruire à jamais l'indépendance judiciaire; en substituant la justice humaine à la justice divine pour juger l'acte de conscience qui s'appelle jugement.

En outre, la Cour se devait compte de la situation dans laquelle la mettait la lettre publiée par son vice-président. Ce document avait préjugé du verdict à intervenir, en blâmant la jurisprudence du 20 juillet, en la condamnant comme acte arbitraire.

Emanée de son vice-président et de son mandataire, elle liait la Cour à la ratifier par une condamnation, quelque impossible qu'elle pût être pour le motif sus-énoncé.

Liée de la sorte, la Cour avait à se demander si elle se trouvait la liberté d'appréciation pour juger.

L'influence du mandat et du mandataire l'a emporté sur tout scrupule.

Déjà, le 21 octobre, M. le procureur général se trouvait invité par la Cour de m'assigner devant elle. L'invitation ne concernait que celui qui avait souffert du mandat; ceux qui l'avaient fait souffrir, avaient la main assez haute pour se soustraire à toute poursuite disciplinaire en se posant en justiciers.

Cette circonstance a dominé le procès, dont les péripéties feront mieux que tout connaître la situation de la réforme.

L'assignation du 21 octobre portait sur deux chefs, à savoir la jurisprudence du 20 juillet et l'abstention du juge de répondre à l'ordonnance, qui l'appelait à la chambre des vacations pendant le mois de septembre.

Comme ni les règlements ni les codes ne contiennent aucune disposition pour inculper le juge à raison de ses jugements non doleux, l'assignation s'était passé la fantaisie d'improviser une qualification pour la jurisprudence du 20 juillet, en formulant ainsi le premier chef : « *d'avoir à Alexandrie, en juillet* 1876, *violé son mandat de juge délégué en matière sommaire en sursoyant à statuer.* »

Par cette ingénieuse méthode, on arrivait à changer un fait non punissable en faute disciplinaire grave, emportant destitution. Inutile d'observer que la violation d'un mandat entâche l'honorabilité du magistrat d'un acte doleux et le rend indigne de ses fonctions.

Seulement toute cette qualification, visant à la destitution du juge manquait de base, pour cette simple raison qu'aucun juge ne prononce en vertu du mandat, et qu'au contraire il ne relève en ses jugements que de Dieu et de sa conscience.

Par l'introduction de la fiction dont il s'agit, la première poursuite disciplinaire imitait l'inquisition.

Nous verrons après la procédure porter le même cachet.

Le second chef de l'assignation impute le refus de service. Ce fait n'était répréhensible, d'après l'art. 122 du règlement général judiciaire, qu'autant que le service eût été réclamé en vertu de la loi. Or le contraire se trouvait exister, comme il a été démontré.

Ce faisant, elle soulève une question préjudicielle, à savoir si la Cour même était fondée à changer arbitrairement la répartition des juges, Or dans cette question la Cour se trouvait partie, pour avoir décerné le mandat invoqué, et par cette seule raison elle aurait dû s'abstenir de connaître de la poursuite, en nommant une Cour spéciale comme il lui avait été demandé par le mémoire précité (1).

Sous ce point de vue l'assignation suggéra bien des craintes sur l'impartialité du tribunal saisi.

Survenue après la réélection de M. le vice-président de la Cour, elle fit redouter son influence.

C'était bien lui qui, à peine réélu, ordonna la notification de cette assignation par laquelle se réalisait son système affiché dans la nouvelle presse libre.

Son ascendant ne tarda pas à se manifester avec un plus grand éclat.

Le 28 octobre la Cour ordonna une nouvelle poursuite, pour la réunir à la précédente.

C'était le rapport officiel, déposé comme Mémoire de défense, qui y servait de prétexte. Bien que sa nature dût lui assurer l'immunité, sans laquelle la vérité sur ce qui est contraire à la discipline ne saurait s'établir, ni la défense se faire valoir, il se trouvait incriminé, comme outrageant les Magistrats et surtout M. le vice-président de la Cour.

On oubliait, en le prétextant, qu'à défaut de publicité, l'outrage ne peut exister, et qu'ici la nature même de l'écrit incriminé écartait tout soupçon d'une intention offensante.

---

(1) Voyez p. 6, note.

Le troisième chef de l'accusation est donc aussi fantaisiste que les deux autres.

En bonne justice tout cela n'aurait eu rien d'alarmant. La défense se serait fait valoir, et aurait facilement dissipé l'erreur en démontrant les influences et les entraînements pour substituer la politique à la justice.

Mais tout faisait voir dans la poursuite actuelle qu'on ne se piquait pas de bonne justice, et que faisant flèche de tout bois, la poursuite visait à continuer l'œuvre du 21 Juillet par la destitution du juge venant opposer le droit aux agissements d'un pouvoir en banqueroute.

L'assignation elle-même, arrêtée par la Cour, dissipait toute illusion sur son calme et son sang-froid, en prouvant qu'elle soutenait son vice-président, soutenant à son [tour les vues du Khédive.

L'incrimination du rapport-mémoire, rappelle les procédés sous l'empire dans les affaires de la presse.

Le texte se trouve tronqué, par la séparation des phrases, de manière qu'il représente un tout autre ordre d'idées.

Après cette défiguration, l'intention inventée doit suppléer à celle du vrai texte.

Rien ne prouve mieux la parfaite innocuité de ce dernier, que le fait, que même en procédant ainsi l'accusation n'a pu lui imputer autre chose que l'*insinuation*. Et encore quelles insinuations! Elles sont si peu précises, elles attentent si peu à la considération d'autrui, que l'accusation hésite elle-même à leur reconnaître une portée directe.

Elle les fait porter sur des soupçons variant entre la corruption, la tentative, ou l'inclination à la corruption, bref entre la seule pensée et l'acte consommé.

Aussi l'inculpé n'est-il pas assigné pour s'expliquer sur ce qu'il a écrit, mais sur les motifs des soupçons qu'on aime lui attribuer. Le troisième chef de l'accusation fait donc concurrence au premier dans l'inquisition de la pensée intime.

Le plus curieux de cette inquisition est qu'elle pousse à scruter ce que le mémoire ne dit pas, pour passer sous silence ce qu'il relève hardiment. On s'inquiète du soupçon de corruption, tandis qu'on est indulgent pour l'abus d'autorité, articulé nettement par le rapport-mémoire.

Disons tout de suite que pour détruire toute cette œuvre d'iniquité, j'ai écrit dans le cours de la procédure une lettre par laquelle je me défendais de toute intention outrageante, offrant à la Cour en gage de ma sincérité la rétractation de tout ce qui lui plaisait de considérer comme écrit avec cette intention-là. D'après l'adage « *nulla injuria sine animo injuriandi* » cette déclaration privait l'accusation de sa base même. Pourtant le parti-pris a passé outre, comme on le verra dans les pages suivantes.

A l'appui des considérations précédentes il convient d'insérer textuellement les conclusions de l'assignation sur le troisième chef.

« *Je requiers qu'il vous plaise, M. le vice-président*, dit le « procureur général sur l'invitation de la Cour, *fixer une au-* « *dience spéciale de la Cour, convoquée en assemblée générale,* « *pour entendre ledit juge sur les motifs, qui lui font supposer* « *certains de ses supérieurs et collègues coupables ou capables de* « *corruption ou de tentation de corruption. Si comme j'ai tout* « *lieu de le croire M. Haakman se trouvera dans l'impossibilité* « *de déduire des motifs sérieux, ses insinuations, devenues publi-* « *ques* (comment et par qui ?), *en ressortiront d'autant plus* « *odieuses. La Cour en ce cas aura à décider si elle peut conser-* « *ver dans la compagnie un homme qui s'est appliqué à la dés-* « *honorer.* »

Les derniers mots indiquent l'horreur du ministère public pour les insinuations. Quelque directs qu'ils soient, ils manquent de toute preuve. Même si le rapport-mémoire contenait les prétendues insinuations, il aurait mérité les éloges des honnêtes gens, comme seule réponse aux provocations officielles par la voie de la presse.

Le plus plaisant — s'il pouvait y avoir plaisanterie dans des machinations se cachant sous l'apparence d'une poursuite judiciaire, — c'est qu'on impute comme outrage, la soi-disant insinuation de faits, que j'aurais dû instruire comme juge d'instruction, si j'avais eu les soupçons que l'assignation m'attribue.

Rien ne prouve mieux l'absence de calme et de sage réflexion que l'oubli de cette circonstance. On voulait sévir, sévir à excès, comme l'indique la confusion d'idées de présenter comme une atteinte à mon honorabilité à moi les soupçons que m'aurait suggérés la conduite de certains autres magistrats.

VIII

Tourner le rapport officiel en outrage, l'exposé de griefs en tort, c'était faire acte de partialité.

Ainsi la dernière assignation rendait la récusation de la Cour inévitable. Jusque dans l'exercice de ce droit la défense a montré de la réserve et de la modération.

Bien loin de vouloir l'étendre à toute la Cour, elle a taché de le restreindre à deux de ses membres.

Cette restriction était fondée sur la conviction que leur élimination amènerait leur remplacement et déferait ainsi la trop grande solidarité entre la Cour et son mandataire.

La prévision de ce remplacement était dictée par l'art. 24 du règlement organique, substituant la réunion générale de la Cour plénière, à celle de sa formation en matière civile, laquelle d'après l'article 3 de ce même règlement est de huit juges (1).

Cette substitution serait sans motif à moins d'exclure formellement la formation ordinaire, parce que la proportion entre juges européens et indigènes n'admet d'autre constitution de la Cour que celle de onze ou bien de huit juges.

L'histoire renforce cette interprétation serrée et grammaticale de l'article 24.

Déjà la conférence consulaire du Caire avait manifesté des craintes, que la Cour à instituer ne se trouvât trop sous l'influence du gouvernement et par cette seule raison elle avait réclamé un jury, composé de 24 membres, pour juger les cas disciplinaires.

Revenant au projet du Khédive, les puissances ont cependant dû tenir compte de ces craintes, ce qui explique que tout en attribuant l'action disciplinaire à la Cour, elles ont voulu lui con-

(1) Voy. p. 7, note, et p. 5, note.

server la prépondérance européenne, telle que l'organisation l'établit, c'est-à-dire lui prescrire de ne juger en ces cas qu'à onze voix.

Il y a une autre circonstance qui milite en faveur de cette interprétation stricte de l'art. 24. Les cas disciplinaires sont plus graves que les affaires ordinaires parce qu'ils touchent l'honneur. C'est pourquoi ils devront être jugés par un plus grand nombre de juges.

Enfin le texte même exclut toute autre interprétation, en exigeant les trois quarts des voix pour la condamnation, c'est-à-dire en accordant à la défense une garantie toute spéciale.

Il est évident que cette garantie doit être la même pour tous les inculpés dans toutes les causes.

Or elle cesserait de l'être si la réunion générale appelée à juger pouvait se composer de moins de onze conseillers.

L'absence d'un seul suffirait alors pour la réduire à huit voix eu égard à la proportion organique. Il s'ensuivrait que dans telle cause la condamnation ne se prononcerait qu'à 6 voix, tandis que dans telle autre, la Cour étant complète, elle exigerait 8 voix.

Notre interprétation était d'ailleurs celle du rapport à l'Assemblée nationale.

Sur onze votants, dit-il, *la majorité pour constituer les trois quarts* doit être *de huit voix* (1).

C'était donc en partant de l'idée de remplacement qu'a été proposé la récusation des deux conseillers qui avaient publié leur opinion sur le différend, MM. Lapenna et Scott.

Le 2 novembre l'acte fut présenté tout fait pour l'inscription au greffe. L'inscription fut différée jusqu'au lendemain, sous prétexte que la Cour se trouvait en délibération et qu'il y avait des instructions à demander. Le lendemain seulement l'acte put être signé.

Cet incident s'est expliqué le 7 par le motif suivant des délibérations de la Cour de cette date.

« *Attendu*, dit la Cour, *que la récusation dirigée le 2 novem-*

(1). V. *Journal officiel*, 19 décembre 1875, p. 10551.

bre courant par M. le juge Haakman contre M. le vice-président Lapenna et M. le conseiller Scoti n'a été formulée que postérieurement à la délibération de la Cour prise le même jour en assemblée générale. »

A qui la faute de ce retard d'inscription d'un acte tout formulé ; au récusant, ou bien au fonctionnaire de la Cour, probablement renseigné, pour n'accepter l'acte qu'après avoir demandé des instructions?

Mais laissons continuer la Cour : « *Que ces deux magistrats ne reconnaissant en leur personne aucun motif légal de récusation, ont déclaré, qu'ils croyaient cependant devoir s'abstenir ; que la Cour leur a donné acte de leur déclaration et, approuvant les motifs de délicatesse qui dictaient leur conduite, a accepté leur abstention.*

On se demande pourquoi M. le vice-président après avoir rendu exécutoire lui-même la première assignation, et ne reconnaissant dans sa condamnation insérée dans la *Nouvelle Presse libre*, aucun motif légal de récusation, a déclaré vouloir s'abstenir sans aucun motif apparent. La logique permet de supposer que le greffier chargé de l'inscription de l'acte de récusation en a informé la Cour, et que la délicatesse encensée par les délibérations trouve sa seule source dans le bien-fondé de la récusation.

L'abstention aurait paru sans inconvénient, si elle eût mené au remplacement visé.

Mais il n'en fut rien. La délibération du 7 novembre intervenue après l'abstention acceptée cinq jours avant, se trouvait prise par huit conseillers seulement.

La Cour écartait l'article 24 du règlement, se repliait sur sa formation ordinaire et privait l'inculpé du bénéfice des huit voix nécessaires pour sa condamnation.

La délicatesse tant prônée avait donc pour résultat de priver le prévenu d'une garantie légale, de rendre sa condamnation plus facile.

Le but de la récusation partielle manqué, celle de la Cour entière parut inévitable.

Seulement elle était déjà prévue. Le premier motif de la délibération sus-mentionnée s'y rapportait en disant : « *Qu'en matière disciplinaire il n'y a lieu d'appliquer les dispositions particulières édictées par les articles 352 et suivants du Code de procédure civile et commerciale ; qu'il s'agit d'une poursuite spéciale que l'on ne saurait assimiler au cas d'un différend existant entre deux particuliers et que si le droit de récusation, droit inhérent au principe même de la défense, ne peut être dénié à l'inculpé, il appartient aux juges de la poursuite, en l'absence de prescriptions spéciales, d'en apprécier souverainement les motifs.* »

Cette doctrine était en contradiction flagrante avec les opinions émises à la conférence du Caire en 1869. Sans contestation on y avait admis l'application de la procédure civile aux cas disciplinaires. Les consuls de France et d'Allemagne avaient même proposé de renvoyer le procès disciplinaire au Code de procédure.

Elle s'écartait en même temps de la logique. Un fois le droit de récusation admis, il faut des règles pour l'exercer. Où trouver ces dernières si ce n'est dans le Code de procédure civile, appliqué par le même motif en matière pénale ?

Toute distinction entre les affaires ordinaires et disciplinaires paraît arbitraire. En effet, pourquoi le droit de défense serait-il mieux sauvegardé là où il ne s'agit que d'intérêts matériels, que là où l'honneur est en cause ? Et enfin si la matière disciplinaire est spéciale, c'est encore en ce sens que le législateur lui a octroyé des garanties pour que l'inamovibilité reconnue aux juges dans l'intérêt de leur indépendance ne déchût en une vaine apparence. A ce point de vue l'économie des traités s'oppose à la théorie de la Cour de restreindre le droit de récusation à sa guise, ou de le supprimer en s'imposant comme juge de l'incident, même quand elle se trouve récusée en tous ses membres.

L'article 34 du même règlement organique défendait à la Cour de connaître de l'incident dans lequel elle serait partie, en lui prescrivant, en cas de silence ou d'obscurité de la loi, de suivre les principes du droit naturel et les règles de l'équité s'y refusant également (1).

(1) Voyez p. 63, note 2

La déclaration de la Cour, qu'elle se reservait indistinctement, donc aussi au cas qu'elle se trouverait récusée en entier, de connaître elle-même de l'incident, sortait des limites de l'interprétation. C'était une négation si flagrante de l'article 372, Code de procédure, prescrivant la formation d'une Cour spéciale *pour l'incident même de la récusation*, que pour les auteurs de cette jurisprudence inouïe, il s'agissait manifestement non plus de juger, mais d'*intimider*, au mépris de toute justice (1).

En droit il n'y avait aucun recours contre un acte aussi arbitraire.

Mais le principe de l'inamovibilité, celui de la présentation des juges par leurs gouvernements admettent-ils l'arbitraire par la seule raison, qu'il émane de la Cour, non pas dans sa jurisprudence, mais dans ses actes?

La déclaration française du 12 novembre 1875, la réserve de certaines puissances de se retirer de la réforme aussitôt qu'elle ne répondrait pas à l'attente légitime, suggèrent une réponse négative des plus formelles.

La diplomatie européenne en Egypte ne paraît pas désarmée à tel point par la réforme, qu'elle n'aurait pas le droit d'intervenir dans des cas aussi urgents. Les traités établissant des garanties pour la défense en matière disciplinaire, ce n'est certes pas pour que déjà à la première poursuite la Cour s'en écarte, et que la diplomatie ferme les yeux.

L'admettre c'est livrer l'indépendence des juges au bon plaisir, si ce n'est aux rancunes d'une majorité fortuite de collègues, promus par le hasard de la nationalité au rang de conseillers.

Cependant toute protestation, toute invocation de l'intervention consulaire a été vaine.

Ainsi la théorie a beau protéger les juges, la pratique veut leur entière soummission.

A défaut de toute protestation devant le gouvernement égyptien, la théorie développée plus haut a reçu sanction pleine et entière.

---

(1) Voyez p. 6, note.

Le 7 novembre la Cour fut récusée en tous ses membres individuellement et collectivement.

Le 10 elle statuait elle-même sur les motifs, sans aucune forme de procès, sans avoir entendu le récusant dans leur développement. Il va sans dire que la récusation fut rejetée.

Dès lors toute défence était illusoire.

Elle se trouvait devant une accusation s'attaquant à la conscience, et devant des juges qui après s'être constitués arbitrairement façonnaient la procédure à leur guise. Tout indiquait que la condamnation du juge du 20 juillet était voulue et arrêtée.

Le courage de défendre la justice et les traités lui était imputé comme un acte odieux.

Le triomphe de l'accusation était d'autant plus sûr, que les consuls persistaient dans leur inertie traditionnelle.

Dans ces circonstances il ne restait qu'à protester. Le 11 novembre la Cour avant d'entrer en audience pour connaître de l'affaire, fut saisie d'une protestation contre toute la procédure ultérieure avant qu'il serait statué sur sa récusation par le juge compétent.

L'aveuglement passa outre, la majorité pour la condamnation se trouvant exister. Six voix furent trouvées pour seconder les vues du Khédive et de M. le Dr Lapenna par la révocation du juge défaillant. (1)

---

(1) Je tiens à exprimer publiquement toute ma gratitude, non-seulement à M. l'avocat Giraud qui, à ma requête, a bien voulu se charger de ma défense, mais encore à MM. Mathieu, bâtonnier, et Gilly, du barreau d'Alexandrie, qui au premier bruit de ma poursuite sont venus m'offrir spontanément le concours de leurs lumières.

IX

La condamnation embrasse les trois chefs de l'accusation Tous les trois ont trouvé grâce aux yeux du juge récusé (1).

Pour arriver à leur condamnation, la décision frappe les motifs des jugements incriminés. Cela veut dire qu'elle envahit le domaine de la conscience.

Admettre que la discipline comporte la condamnation de la jurisprudence, c'est considérer la magistrature comme une école d'où la férule des conseillers chasse le juge indépendant.

Jamais chose aussi burlesque n'est entrée dans l'esprit du législateur.

La condamnation à raison des jugements du 20 juillet est donc contraire aux lois et aux traités.

Examinons-en les motifs. « *Attendu*, dit la Cour, *que la loi et le principe même de ses fonctions imposent au juge le devoir strict et absolu de statuer sans aucun délai sur les contestations portées devant lui, qui se trouvent légalement en état de recevoir jugement.* »

Cette considération s'écarte des faits.

La Cour ne se trouvait pas en présence d'un déni de justice, mais de jugements préparatoires. Ces jugements avaient été prononcés séance tenante : justice avait donc été faite. A défaut d'appel, ces jugements avaient force de chose jugée, force que la Cour, comme autorité disciplinaire, avait à respecter plus que personne. Malheureusement c'était la politique et non la justice qui guidait l'inspirateur de l'arrêt.

La politique demandait impérieusement qu'on intimidât les tribunaux chargés de surveiller l'exécution des jugements, et pour y arriver il fallait un exemple.

---

(1) Voir l'arrêt à l'Appendice, p. 76.

En effet le tribunal d'Alexandrie, alarmé de la non-exécution, n'avait-il pas, le 6 novembre, osé s'adresser à la Cour pour qu'elle statuât sur la ligne de conduite à suivre ?

C'est cette demande que visa l'arrêt, en proclamant : « *que cette obligation (de statuer sans délai) est absolue, indépendante de toute considération extrinsèque.*

En qualifiant la non-exécution de *considération extrinsèque*, la Cour fait litière de la loi qui impose aux juges la surveillance des exécutions, et en même temps des traités sur lesquels cette loi se fonde.

En proclamant que les juges n'ont pas à s'en préoccuper, la Cour délie non-seulement les juges de cette obligation légale, mais encore des arrêts de leur conscience.

Car si la conscience du juge lui défend de faire des dupes en rendant des sentences inexécutables, au mépris de la loi, garantissant aux justiciables l'exécution, en imposant aux tribunaux le devoir de la surveiller, la Cour ne place-t-elle pas le magistrat entre sa conscience et sa bourse en établissant « *que l'obligation de statuer sans délai enchaîne le magistrat tant qu'il siége dans son prétoire et qu'il ne resterait au juge dont la conscience alarmée ou troublée par des événements extérieurs ne lui permettrait plus de juger qu'à descendre volontairement de son siége plutôt que d'arrêter ou de suspendre par son fait l'expédition des affaires qui ne peuvent être interrompus un seul instant sans préjudice* pour les justiciables et sans danger pour la justice même ?

A ce point de vue, la condamnation du chef des sentences du 20 juillet est une intimidation des mieux réussies.

Vainement la Cour s'appuie du danger auquel la jurisprudence de cette date exposerait les justiciables. Comment, en effet, souffriraient-ils par le défaut de jugements, devenus chimériques depuis qu'il leur manquait la sécurité de l'exécution.

Pour eux le vrai danger est ailleurs. Il réside dans le simulacre de justice qui cache la non-exécution pour écarter l'intervention diplomatique devenue nécessaire par la violation manifeste des traités.

Jamais, à en augurer des débats de l'Assemblée nationale, la France n'aurait adhéré à la réforme, si elle eût pu prévoir que la

Cour d'appel condamnerait comme dangereux l'acte du juge, qui, voyant la justice désarmée et les traités violés, résista aux apparences et dévoila la vérité.

Or, rien ne dément mieux le danger allégué que la spontanéité des justiciables à reconnaître qu'au 20 juillet la chose publique profita d'une jurisprudence faisant éclater la situation intolérable aux yeux de l'Europe. Ils en ont manifesté la conscience par les marques publiques de sympathie au magistrat ayant le courage de son opinion.

Enfin n'est-il pas étrange que cette même Cour qui présente les jugements de renvoi du 20 juillet comme un déni de justice ne fait elle-même que remettre, et cela non pas à la date fixe, mais indéfiniment, dans les affaires soumises jadis aux consuls, dans les anciennes réclamations contre le gouvernement, portées aujourd'hui devant des commissions de la cour ?

Pour celui qui a voulu me suivre jusqu'ici, il est inutile d'analyser l'exposé par lequel la Cour s'ingénie à blâmer ma jurisprudence, parce qu'elle a eu le caractère de la réflexion. Il suffit d'observer que ce n'est pas la réflexion, mais seulement l'irréflexion dans une détermination aussi grave dans ses conséquences qui aurait pu motiver la censure de la Cour.

L'arrêt ne fait que glisser sur le second chef d'accusation, dérivé de mon « *refus de siéger à la chambre des vacations en vertu d'un arrêté du magistrat, qui avait qualité dans les vacations pour prendre dans les limites de la compétence de la Cour d'appel les mesures d'ordre intérieur, nécessaires ou utiles.* » En effet ce refus n'est constaté que comme circonstance aggravante de la faute commise par les jugements de renvoi.

J'y vois la preuve du manque d'arguments pour l'illégalité de ce refus. D'après les termes mêmes de l'accusation, il aurait fallu établir péremptoirement 1° que la Cour était en droit de déléguer ses pouvoirs soit administratifs, soit judiciaires, à un seul de ses membres : 2° que ces pouvoirs, délégués ou non, allaient jusqu'au droit de modifier la répartition du service entre les membres des tribunaux, alors que l'art. 41 du règlement général judiciaire investissait les tribunaux eux-mêmes de cette répartition par la voie de l'élection annuelle.

Que dire enfin de la manière dont l'arrêt établit le troisième chef d'accusation ?

Pour me convaincre *d'allégations outrageantes et d'insinuations calomnieuses*, il a fallu non-seulement forcer le sens de mon rapport-mémoire en isolant et par là en dénaturant quelques lambeaux de phrase, mais il a fallu même avoir recours à *l'interpolation* !

Deux ou trois exemples suffiront.

L'arrêt relève à ma charge d'avoir imputé à *MM. Moriondo* et *Vacher*, c'est-à-dire au substitut du vice-président du tribunal et à celui du procureur général, le délit prévu par l'art. 123 du Code pénal ou tout au moins de s'être exposés à une poursuite disciplinaire.

Or le texte incriminé porte en toutes lettres que : « *Si la sommation à un collègue, la menace envers un supérieur sont relevés,* CE N'EST PAS *pour faire ressortir leur caractère disciplinaire, sinon pénal* ; *cela serait*, ainsi poursuit-il, *implorer indirectement le secours d'autrui contre un outrage personnel* ; *l'attention de la Cour n'est demandée que pour la singularité de la coopération de deux défenseurs de principes diamétralement opposés.*

Dans le même considérant, l'arrêt fait déclarer *le rédacteur du mémoire* « QUE LA JURISPRUDENCE INAUGURÉE PAR L'ARRÊT CARPI N'AVAIT PAS ÉTÉ DICTÉE PAR LA JUSTICE IMPASSIBLE. »

Non-seulement on tombe dans l'absurde en imputant à un juge qui *sympathisait* avec cette jurisprudence, et le déclarait haut dans ce même mémoire, d'avoir mis en suspicion l'arrêt Carpi, non-seulement on traduit en impression personnelle les impressions des péripéties de la non-exécution que le mémoire incriminé attribue au *gouvernement égyptien*, mais encore toute la phrase précitée manque au texte du mémoire.

On ne s'arrête pas en si beau chemin, et c'est apparemment pour cela que le troisième considérant me fait diriger cette imputation, *toute de fantaisie*, comme on vient de le voir, plus particulièrement contre M. Lapenna.

---

(1) Voir pour l'analyse détaillée l'Appendice II, p. 87 et suiv.

Pour me convaincre d'imputations calomnieuses à son adresse particulière, l'arrêt pose à son dernier considérant que l'auteur du mémoire « *se demande quel mystère a entouré la transition de M. le vice-président de sa sévère indépendance a un système de concession.* » De toute cette phrase le mémoire ne contient que les premiers mots : « *Il appartient*, y est-il dit, *à la Cour d'éclaircir ce mystère.* » Le mystère à éclaircir n'est pas du tout celui que la Cour me prête, mais celui de la pression exercée sur moi pour que je ne rende pas les jugements incriminés.

En un mot les interpolations auxquelles il a fallu avoir recours, ne prouvent-elles pas mieux que tout raisonnement l'innocuité de mon mémoire et la passion aveugle, qui présidait à la poursuite ?

Encore une fois, on a voulu révoquer le juge du 20 juillet, pour intimider ses collègues pensant comme lui et l'imitant au 26 septembre.

La politique égyptienne veut non-seulement le désarmement de la justice, mais encore qu'elle le cache et se dise valide.

La direction politique de la réforme judiciaire s'est non-seulement conformée à ces désirs, mais a sacrifié l'indépendance judiciaire en prononçant la révocation. Il ne s'agissait que de trouver un *prétexte*. Par la voie des interpolations, on est parvenu à établir un soi-disant outrage.

Cela a suffi. On ne s'est pas donné la peine de réfléchir sur ce fait, si l'outrage, même s'il existait, peut jamais être considéré comme compromettant l'honorabilité de l'outrageant.

On l'a dit, mais au mépris de la logique et au mépris du bon sens.

Notons en passant que je n'ai pas été l'unique victime des procédés en question : M. l'avocat Franceschi, du barreau d'Alexandrie, ayant osé déposer des conclusions tendant à présenter comme illégale l'abstention de M. Lapenna dans une affaire portée devant la commission austro-hongroise, et à relever dans un arrêt des libertés à l'égard des pièces de on client, analogues à celles prises avec mon rapport-mémoire, la Cour a prononcé, le 3 mars dernier, sa radiation du tableau. Pour mieux constater sa souveraineté disciplinaire, la Cour l'a rayé d'office, en biffant son nom à l'encre rouge, quoique l'inculpé eût prévenu le verdict par une demande de radiation. Il est vrai que cette demande se fondait sur la considération, plus vraie que flatteuse, qu'il renonçait à un titre que la discipline lui défendait d'honorer par son indépendance.

Par ce haut-fait, qui fit dans le public une impression des plus pénibles, la Cour aurait-elle voulu justifier l'adage trop connu, que du sublime au ridicule il n'y a qu'un pas?

Mais revenons à mon affaire.

La révocation ayant été prononcée par défaut, elle parut susceplible d'opposition.

En France, cela ne ferait pas l'ombre d'un doute : la Cour de cassation ayant embrassé l'opinion des auteurs, que le droit d'opposition est le complément nécessaire du droit de la défense (1); en Égypte il devait en être de même, d'autant plus que le règlement disciplinaire accorde ce droit aux officiers inférieurs de la justice ; à plus forte raison, il faut le reconnaître aux magistrats inamovibles.

Même si les règlements égyptiens, comme ceux en France, ne s'expliquaient pas formellement, ce silence même forcerait à recourir au droit naturel et à l'équité, sur lesquels se fonde la doctrine française de la recevabilité (2).

---

(1) Dalloz, Rép. V. Disc. jud., t. XV, § 123, p. 642 : « A l'égard des décisions rendues, soit par les Cours et Tribunaux en chambre du Conseil, soit par les Conseils de discipline et les Chambres syndicales, les lois et règlements ne s'expliquent pas formellement; cependant, comme le droit d'opposition est fondé sur un principe de droit naturel, il est généralement applicable à ces juridictions (V. Carnot, Disc. jud., p. 9, 62, 86, 110, 129; Morin, t. II, nº 778; Mollet, p. 203; Rolland de Villarques, Rép. du Not. et Disc., nº 127; Ed. Clec et Arm. Dalloz, Man. du Not., p. 857).

« Le droit de faire défaut, disent ces derniers auteurs, et ensuite celui de s'opposer à la chose décidée sont reçus dans toutes les juridictions, lorsqu'une loi formelle ne consacre pas le contraire. Une citation même réitérée, ajoutent-ils un peu plus loin, prouve seulement qu'on a été averti, mais n'enlève pas le droit de faire défaut, lequel tient essentiellement à celui de se défendre de la manière et au moment où on le veut, droit précieux surtout lorsqu'il s'agit d'une décision où l'honneur personnel peut être engagé. »

(2) Art. 34 du Règl. org. : « Les nouveaux tribunaux, dans l'exercice de

Malgré cette vérité incontestable, la Cour déclara non recevable l'opposition régulièrement formée dans les huit jours.

Il en résulte que le juge, en Égypte, poursuivi par voie disciplinaire, n'a aucune voie de recours contre la décision qui le frappe, fût-elle rendue par défaut et s'écartât-elle des lois et de la vérité, comme celle dont je fus victime (1).

Inutile d'observer que, dans ces circonstances, l'inamovibilité du juge, garantie tant prônée de son indépendance, n'est qu'un leurre.

---

leur juridiction en matière civile et commerciale et dans la limite de celle qui leur est consentie en matière pénale, appliqueront les codes présentés par l'Egypte aux puissances, et en cas de silence, d'insuffisance et d'obscurité de la loi, le juge se conformera aux principes du droit naturel et aux règles de l'équité. »

(1) Voir l'arrêt de la Cour d'appel, p. 76 et suiv.

X

Ma révocation rendait la main libre à ceux qui admettent la justice sans exécution.

Pour voir mettre en pratique une théorie aussi paradoxale, j'ai prolongé mon séjour à Alexandrie jusqu'au 13 mars dernier.

Cela explique le retard dans la publication de ces pages.

Voici ce qui se passa sous mes yeux :

Les produits des domaines de la daïra, notamment les sucres et les céréales, furent consignés à des maisons anglaises.

A la faveur d'une réduction de loyers, on obtint des locataires qu'ils fissent mettre leurs baux aux noms de personnes interposées.

Les propriétés immobilières passèrent aux noms des différents membres de la famille vice-royale.

Tout cela, on le comprend, pour stériliser les saisies, les condamnations suivant leur cours.

La non-exécution étant proclamée *considération extrinsèque*, ces condamnations inquiétaient fort peu le débiteur, en même temps qu'elles tranquillisaient la magistrature sur le service régulier de ses traitements. Les condamnations ont ce seul effet, qu'elles profitent à la caisse judiciaire, destinée à faire les frais de la réforme. Grâce à lui, les juges échappent en jugeant, à l'honneur de compter, comme le reste des fonctionnaires, parmi les créanciers du Khédive.

Quatre ou cinq créanciers ont eu la hardiesse d'imiter la Banque italo-égyptienne, et de tenter une saisie en vertu de leurs jugements. Non-seulement ils en ont été pour leurs frais, mais encore l'huissier chargé de l'exécution fut-il accueilli par l'injonction de la daïra de déguerpir s'il ne voulait être expulsé par la force publique.

La non-exécution n'est-elle pas une considération extrinsèque?

En présence de tels faits, les consuls, il est vrai, ont fait quelques observations, mais le Khédive s'étaye de la nouvelle jurisprudence pour les tenir en échec.

Le vrai moment pour une coopération diplomatique, celui du 20 juillet, a échappé à la vigilance européenne; la diplomatie ottomane se charge d'en prévenir le retour.

Inutile d'observer qu'ainsi les traités judiciaires, au lieu de raffermir l'influence européenne en Égypte, tendent à la miner.

Quant au préjudice financier, il est incalculable; toute la dette égyptienne est à la charge de l'Europe; déjà la réduction de l'intérêt de la dette publique lui cause une perte considérable.

Malgré cette réduction, rien n'annonce que l'unification contribuera à la sûreté du capital; au contraire, chaque mois amène des déceptions pour les percepteurs des recettes. La bonne foi est aussi indispensable à la réforme financière qu'à la réforme judidiaire. Il paraît que l'une a aussi peu à s'en louer que l'autre.

Jusqu'ici, ce n'est qu'en escomptant l'avenir qu'on est parvenu à faire face au service du coupon.

Pour la dette privée du Khédive, la situation est encore pire : son règlement est absolument entravé, les tribunaux mixtes persistant à ne pas reconnaître la force obligatoire des décrets du khédive, et frappant en même temps leurs propres jugements de stérilité en considérant la non-exécution comme une considération extrinsèque.

Cette situation équivoque ruine l'épargne; en même temps, elle pèse singulièrement sur les emprunts en prévenant leur hausse à un taux raisonnable; car est-il possible de prêter à un débiteur, qu'on ne peut atteindre dans ses biens?

Je viens de relever comment des millions en biens-fonds, en loyers et en produits ont été soustraits à l'actif de la daïra. En Europe, il y a moyen d'attaquer les transactions de cette espèce par l'action dite Pauliana, qui se base sur la mauvaise foi du débiteur pour annuler ses actes. Mais, pour reconnaître la mauvaise foi d'un débiteur, aussi puissant que le Khédive, il faut une magistrature imbue au plus haut point de son indépendance; or, où trouver ce courage, depuis que la réforme a fait un exemple du magistrat qui, le 20 juillet, ne prit conseil que de sa conscience?

Dans la situation actuelle, tout est devenu possible. Cet été, la daïra, aux abois, se procura, sur le marché d'Alexandrie, pour des millions de titres de l'empurnt 1873 contre le dépôt d'une valeur double ou triple en bons du Trésor, se réservant la faculté de rendre les titres, ou bien de laisser au vendeur le dépôt. On s'empressa de vendre à Londres et à Paris les valeurs ainsi obtenues, et lorsqu'à l'expiration du contrat les détenteurs des bons déposés voulurent les négocier, il se trouva que, par le plus grand des hasards, ces bons étaient bien mauvais; ils ne rentraient pas dans les catégories de la dette publique reconnues par le décret d'unification.

Et pourtant des mystifications encore plus colossales semblent en voie de progrès. Déjà au mois de décembre dernier, un entrefilet du *Times* y a préparé le public. D'après son correspondant, le Khédive, ne voulant pas que les créanciers, pourvus de jugements, primassent les autres, se serait décidé à faire cession de ses biens au profit de tous. Malheureusement le silence des nouveaux codes s'oppose à cette mesure d'équité, mais la Cour d'appel comblerait cette lacune en vertu de son pouvoir législatif et doterait l'Égypte de la *cessio bonorum*.

Édifions l'Europe sur la véritable portée de l'abnégation khédiviale! Il va de soi qu'un refus absolu de payer quoi que ce soit à ses créanciers ne rentre pas dans les projets du vice-roi, par la simple raison que les quatre millions de livres sterling laissés annuellement à sa disposition par l'arrangement Göschen-Joubert ne suffisent pas à ses dépenses, et qu'ainsi il continue à dépendre du crédit. Après avoir mis la meilleure partie de son actif hors de la portée des créanciers, il se propose de solder, en partie du moins, son déficit par le reste, représenté surtout par des terres et des usines dans la Haute-Égypte.

Le moyen d'y arriver a été trouvé dans la cession des biens d'après la législation hollandaise. Faite en justice, et acceptée par la majorité des créanciers, l'homologation du tribunal rend cette acceptation obligatoire, même pour la minorité.

Seulement il y a deux difficultés.

En premier lieu les codes hollandais ont introduit la cession des biens afin de donner au débiteur malheureux le moyen d'échapper à la contrainte par corps. Mais cette contrainte n'existe pas, en Égypte au moins, en matière civile. A quel titre y introduirait-on donc un bénéfice légal, qui aux termes de l'art. 707 du Code de procédure civile hollandais ne tend qu'à conserver la liberté personnelle ?

En second lieu, d'après le même article, le bénéfice n'est accordé qu'au débiteur *malheureux et de bonne foi*, portant tous ses biens à son actif.

Or, comment introduire ce bénéfice dans la loi sur la demande d'un débiteur, qui a depuis longtemps soustrait la meilleure partie de ses biens à ses créanciers ? Cela semblerait exclure toute participation de la réforme à la première œuvre législative, pour laquelle on lui demande sa coopération.

Si elle le fait pourtant, la doctrine des considérations extrinsèques l'emportera encore cette fois et d'une manière éclatante sur le droit et la morale.

Cependant *omnia jam fiunt, fieri quæ posse negabam*. La Cour bien loin de repousser tout projet de loi sur ce point a communiqué aux tribunaux celui du gouvernement Égyptien.

Cette communication équivaut-elle comme d'habitude, à la manifestation du désir que les tribunaux s'abstiennent d'opposition ? Le projet passera-t-il ? Récemment on l'a prétendu dans une assemblée de créanciers de la Daïra, tenue à Alexandrie.

Même alors pourtant, la promulgation sans l'adhésion des puissances paraît impossible. Car sous le voile d'une amplification de la législation, il s'agit réellement d'une mesure fiscale. Or, la déclaration française du 15 novembre 1875 s'est réservée expressément la faculté de retraite, au cas que la réforme porterait sur le terrain financier.

Même si la mesure était du domaine exclusif de la législation civile et commerciale, le Khédive et la magistrature mixte seraient encore incompétents, leur pouvoir collectif pour légiférer étant borné aux additions et modifications qui rentrent dans le système des codes. (1)

Or, je viens de faire voir que la cession des biens ne rentre pas dans un système de législation, qui en matière civile exclut la contrainte par corps.

La connexité de cette cession au statut personnel, domaine exclusivement réservé aux consuls, est aussi une raison d'incompétence.

---

(1) Art. 12 du Code civil : « Les additions et modifications aux présentes lois seront édictées sur l'avis conforme du corps de la magistrature et au besoin sur sa proposition ; mais pendant la période quinquennale aucun changement ne devra avoir lieu dans le système adopté. »

CONCLUSIONS

Mon historique du début de la réforme prouvera, j'ose le croire, la justesse des appréhensions de l'Assemblée nationale et contribuera à détromper les puissances sur les promesses et les garanties égyptiennes.

L'exécution des jugements, l'indépendance des juges, conditions vitales de toute justice, sont niées.

Introduite dans l'intérêt du crédit, la réforme abrite la banqueroute, et tend à accorder au Khédive un bénéfice judiciaire, que toute législation refuse au débiteur de mauvaise foi.

Palliant la non-exécution des jugements, la nouvelle justice n'offre aucune sécurité aux intéressés compromis.

Cachant la violation manifeste des traités, elle entrave l'action diplomatique.

Ces faits créent une situation impossible.

Peut-être les péripéties de la question d'Orient y ouvriront une issue. Mais alors il faudra que l'Europe oppose l'union et l'énergie à la tactique orientale pour la diviser.

Deux mesures paraissent indiquées : la décentralisation de la magistrature, et l'établissement d'un contrôle consulaire plus sérieux et surtout plus actif que celui d'aujourd'hui.

Elles dégageront la justice internationale de la direction et l'influence politique, entravant jusqu'ici sa haute mission moralisatrice.

En résumé, la tâche, imposée à l'Europe par la marche des événements en Égypte, est d'y exercer une tutelle bien autrement sérieuse que celle dont elle s'est contentée jusqu'ici. L'Égypte est à régénérer, aussi bien que la Turquie.

Pour y parvenir, les puissances lasses des tergiversations, sauront enfin imposer au Levant l'exécution de ses engagements internationaux.

APPENDICE

I

DÉCLARATION FRANÇAISE DU 15 NOVEMBRE 1875 (1).

Le consul gérant l'agence et consulat général de France en Egypte, dans le but de constater le sens exact, attribué par son gouvernement à l'article 11 du projet d'organisation judiciaire, afin d'affirmer en même temps et de nouveau, certains principes essentiels dont celui-ci n'entend pas se dessaisir, a l'honneur de remettre la présente note à S. Exc. Nubar Pacha, ministre des affaires étrangères et du commerce de S. A. le Khédive.

1° L'article 11 du règlement relatif à la compétence des tribunaux nouveaux en matière administrative ayant donné lieu à des interprétations divergentes, et pouvant, s'il n'était exactement défini, devenir une source de difficultés entre S. A. le Khédive et les étrangers, le gouvernement français croit de son devoir de s'expliquer sur les limites, dans lesquelles les effets de cette disposition doivent, suivant lui, demeurer circonscrites. Dans sa pensée, la juridiction des nouveaux tribunaux ne saurait s'étendre jusqu'à leur conférer la faculté de consacrer la légalité des taxes, contributions ou impôts, qu'il pourrait convenir à l'administration égyptienne d'établir La nouvelle magistrature serait donc sans droit pour sanctionner par ses arrêts toute mesure fiscale, qui serait contestée par la voie diplomatique et l'action des gouvernements étrangers ou de leurs agences et consulats pourra toujours s'interposer pour obtenir la cessation ou la réparation d'actes, contraires soit aux stipulations des traités, soit aux prescriptions du droit des gens, dont leurs nationaux auraient à souffrir de la part du gouvernement égyptien ou de ses agents. Le gouvernement français fait à cet égard les réserves les plus formelles et se re-

(1) V. *Journal officiel*, 10748 et suiv.

fusera à accepter pour ses nationaux la juridiction et la compétence des nouveaux tribunaux dans les cas ci-dessus spécifiés.

2° Les consuls généraux et consuls de France et tous agents investis par la loi française du pouvoir de rendre la justice en Egypte, continueront d'exercer la même juridiction que par le passé hors les cas expressément déterminés par la nouvelle organisation judiciaire.

3° Les capitulations, telles qu'elles ont été appliquées jusqu'ici en Egypte, demeurant la loi absolue des rapports entre le gouvernement égyptien et les étrangers, à l'exception des dérogations partielles et explicites, formellement consenties à titre d'essai par le gouvernement français et qui portent principalement sur les usages particuliers à l'Egypte.

Au cas où conformément aux prévisions du deuxième paragraphe de l'article 40 du règlement organique, les puissances jugeraient qu'il y a lieu de retirer leur approbation au nouvel ordre de choses, il demeure entendu, en ce qui nous touche, que le régime actuel n'étant que temporairement suspendu, reprendrait son caractère obligatoire et que la juridiction des consuls, telle qu'elle s'exerce aujourd'hui, revivrait dans sa plénitude, sauf conventions contraires à débattre ultérieurement.

4° Soit que le gouvernement égyptien ne remplisse pas les conditions stipulées, soit que le résultat de l'expérience ne soit pas satisfaisant ou que la protection, que les consuls ont le droit et le devoir d'exercer, dans l'intérêt de la sécurité de leurs nationaux devienne inefficace et impuissante, le gouvernement français se réserve, ainsi que l'a fait la cour de Russie, d'aviser immédiatement ou même de revenir au régime actuel sans attendre l'expiration de la période quinquennale d'essai.

M. Pélissier de Reynaud saisit cette occasion de renouveler à S. Exc. Nubar Pacha, l'assurance des sentiments de haute considération, avec lesquels, etc., etc.

Signé : HADJOUTE PÉLISSIER.

Le Caire, 15 novembre 1875.

Vu pour être annexé à la loi adoptée par l'Assemblée nationale dans sa séance du 17 décembre 1875.

Le président,

Signé : Duc d'Audifret-Pasquier.

Les secrétaires :

Signé : Louis de Ségur, E. de Cazenove de Pradine, Félix Voisin, J. Duchatel, Etienne Lumy.

II

DÉCISION DISCIPLINAIRE DE LA COUR D'APPEL EN ÉGYPTE.

La Cour, siégeant en assemblée générale et en matière disciplinaire statuant en l'absence du prévenu, M. le Dr Haakman, juge au tribunal de première instance, lequel, quoique régulièrement invité dans les délais légaux, à se présenter devant l'Assemblée générale, ce jour à neuf heures du matin, n'a point comparu;

Ouï, en son rapport, M. le substitut du vice-président faisant fonctions de vice-président.

Ouï, M. le procureur général en ses réquisitions,

Et après en avoir délibéré conformément à la loi.

Sans s'arrêter à la protestation comminatoire (1) déposée hier

---

(1) Voici la protestation qualifiée comminatoire :

« A Messieurs le Président et Conseillers à la Cour d'Alexandrie,

« Le soussigné, Dr Jacques-Adalbert Haakman, juge au Tribunal de première instance d'Alexandrie, a l'honneur de vous exposer ce qui suit :

« Attendu qu'après avoir été assigné devant l'Assemblée générale de la Cour d'appel jugeant en matière disciplinaire, le soussigné a récusé, le 2 novembre, MM. le vice-président, Dr Lapenna, et le conseiller Scott;

« Attendu que la Cour a répondu à cette récusation, à la date du 7 novembre, en déclarant ne pas admettre la récusation en matière disciplinaire et en reconnaissant que MM. Lapenna et Scott s'abstiendront;

« Attendu que le soussigné, cité de nouveau par devant ladite Cour par une lettre de M. le procureur général en date du 3 novembre, relevant des mots, des parties de phrases écrites dans un Mémoire justificatif et déposé à la Cour pour la défense, et que le ministère public a eu soin de juxtaposer de manière à dire ce qui n'était pas écrit, ce qui n'était pas dans la pensée du soussigné;

« Attendu que ce second document, pas plus que le premier, n'indique le but des poursuites;

« Attendu que le soussigné en présence de ces actes a cru devoir user

au greffe de la Cour par le dit Dr Haakman, à l'effet de défendre à la dite Cour de statuer à son égard, laquelle protestation dirigée contre la décision définitive et souveraine prise le 7 courant, et rejetant la requête en récusation formée contre tous les membres de la Cour, ne saurait produire aucun effet légal;

---

du bénéfice des art. 352, § 8 et 372 du Code de proc. civ. et comm., et a formellement récusé individuellement tous les membres de la Cour;

« Attendu que le 7 novembre la Cour a répondu : *Qu'en matière disciplinaire il n'y a pas lieu d'appliquer les dispositions particulières, édictées par les art. 352 et suivants du Code de proc. civ. et com.; qu'il s'agit d'une poursuite spéciale, que l'on ne saurait assimiler au cas d'un différend existant entre particuliers, et que si le droit de récusation, droit inhérent au principe même de la défense, ne peut être dénié à l'inculpé, il appartient au juge de la poursuite d'en apprécier souverainement les motifs;*

« Attendu que la Cour déclare en outre joindre comme connexes les deux instances, avant d'avoir entendu le soussigné;

« Attendu qu'en l'absence de toute disposition règlementaire, l'art. 11 du Code civil et l'art. 34 du Règl. d'org. jud. prescrivaient à la Cour de se conformer aux principes du droit naturel et de l'équité;

« Attendu que la Cour, par délibération du 7 novembre, a statué sur la première récusation, qu'elle statuait le même jour sur la deuxième récusation faite le même jour; que cette seconde délibération, qui déboute le soussigné, lui a été notifiée la 10 novembre, veille du jour de la comparution devant la Cour;

« Attendu que, par suite, la Cour, en statuant sur les motifs de la deuxième récusation, se rend juge et partie et méconnaît le principe écrit dans l'art. 372 qui la dessaisit de l'incident de la récusation;

« Attendu que le droit de la récusation est d'autant plus indéniable dans l'espèce, qu'il n'existe pas de Cour de révision en Egypte;

« Attendu qu'il ne s'est pas encore rencontré dans les annales judiciaires un magistrat poursuivi :

« 1° Pour des jugements qui ne relèvent que de Dieu et de sa conscience;

« 2° Poursuivi parce qu'il est soupçonné de croire que ses collègues ont été corrompus, alors qu'en sa qualité de juge d'instruction il pouvait, s'il avait eu cette conviction, les traîner dans son cabinet et les clouer au pilori de l'opinion publique;

« 3° Poursuivi pour avoir écrit et déposé un mémoire justificatif pour sa propre défense, mémoire qui devient une pièce de conviction et que

Vu les pièces de la procédure, et notamment les deux actes signés de M. le Procureur général en date du 21 et 29 octobre, dont il a été donné lecture, et desquels il résulte que M. le juge Haakman est inculpé.

1° D'avoir à Alexandrie en juillet 1876 violé son mandat de juge délégué en matière sommaire, ce en sursoyant à statuer jusqu'à l'exécution de sentences rendues par d'autres juridictions, dans d'autres causes, et entre d'autres parties, et d'avoir par ces

---

l'on tourne contre lui comme une arme pour l'atteindre dans son honneur ;

« Attendu qu'en reconnaissant le principe sacré de la défense, la Cour prétend être souveraine pour le restreindre, le diminuer et l'appliquer à sa guise ;

« Attendu que la Cour attribue à tort une force souveraine à ses décisions en matière disciplinaire, parce que prises en vertu d'un règlement général judiciaire, par Elle élaborée, l'illégalité de ce dernier a été soutenue par le soussigné comme par la majorité européenne des juges au Tribunal d'Alexandrie, et que par suite ses décisions sont soumises ainsi que ce règlement à l'appréciation des puissances signataires des traités de la Réforme ;

« Attendu qu'il résulte de ces faits et documents que le soussigné est déclaré hors la loi ;

« Attendu qu'attaqué par la voie de la presse, il a su se taire, jusqu'au jour où la publicité est devenue nécessaire pour défendre son honneur d'homme et de magistrat ;

« Qu'il lui importe d'informer le Gouvernement égyptien et les puissances signataires des traités sur la Réforme par la voie diplomatique et les Chambres des représentants de ces divers pays par la voie de la publicité de tous les événements ayant trait au procès actuel, au fonctionnement de la Réforme et à la situation faite au soussigné ;

« Par ces motifs :

« Le soussigné se référant aux récusations des 2 et 7 novembre, légalement faites,

« Proteste et fait défense à la Cour de procéder à toute continuation des poursuites disciplinaires intentées contre lui, avant que le juge compétent ait fait droit sur l'incident de la récusation,

« Et ce sera justice ! *Signé :* HAAKMAN.

« Alexandrie, le 10 novembre 1876, 11 h. du matin. »

remises systématiques, dont le seul libellé exclut tout caractère préparatoire, interlocutoire ou incidentel judiciaire, tenté de suspendre le cours de la justice, bien que ses supérieurs hiérarchiques se fussent efforcés de l'éclairer sur l'obligation, qui lui incombait de ne rendre que de véritables jugements et d'accélérer, autant qu'il dépendrait de lui, la solution des procès en état et en tour d'être jugés ;

2° D'avoir durant le mois de septembre manqué à ses devoirs de juge au tribunal de première instance à Alexandrie, en s'abstenant sans motif légitime, d'assister aux audiences de ce tribunal dont il faisait régulièrement partie en vertu d'un arrêté de magistrat, qui avait qualité pendant les vacations, pour prendre, dans les limites de la compétence de la Cour d'appel, les mesures d'ordre intérieur, nécessaires ou utiles, et partant pour modifier suivant les circonstances, la répartition du service entre les membres des tribunaux;

3° D'avoir dans son écrit qualifié mémoire de défense, en s'adressant aux membres de la Cour, qui ont participé à la rédaction du règlement général judiciaire, qu'il appelle *non officiel*, déclaré que les magistrats de première instance, froissés dans leur dignité, ont su contenir leur indignation ; de leur demander s'ils approuveront les sourdes combinaisons, les coups d'état ; d'avoir allégué que la cour ne s'est montrée sévère vis-à-vis du gouvernement dans l'affaire Carpi, que pour devenir aussitôt après plus accomodante en pratique ; d'avoir allégué que le substitut du vice-président du tribunal, et M. le substitut Vacher, ont été mis en mouvement par un moteur secret dans l'œuvre de prévenir au dernier moment par une pression forte et inattendue, l'accomplissement de la tâche judiciaire; que ce moteur secret ne pouvait être que M. le vice-président de cette Cour, qui prononça un arrêt aussi absolu que celui dans l'affaire Carpi; que c'est lui qui délégua des magistrats pour retenir le bras de la justice au moment décisif, et qui fit exercer une pression inouïe sur le juge prêt à se prononcer, et d'avoir terminé son exposé de faits en insinuant qu'il appartient à la Cour d'éclaircir le mystère, qui a entouré la transition (de M. le vice-président) à un système de concession ; et d'avoir mis ainsi en suspicion de la manière la plus blessante, la loyauté et l'impartialité des membres qu'il désigne (1).

---

(1) Voici le texte des parties incriminées du Rapport-Mémoire. Sa reproduction paraît nécessaire pour faire ressortir le système de la poursuite :

« 1° Une seule question pour en finir avec l'attaque dans le *Times*.

« Pourquoi s'adresse-t-elle à un des cinq juges au Tribunal d'Alexandrie, qui même lorsqu'ils formèrent la majorité européenne ont su se taire ?

« Qu'aurait dit l'honorable correspondant du *Times*, qu'aurait dit la Cour si le premier acte de la Réforme, notamment la conception et la promulgation du règlement disciplinaire, eût été publiquement critiqué par un des membres de ce même Tribunal, qui s'y opposa de toute force et ne fut point écouté dans ses observations ?

« Qu'aurait-on dit si un des juges avait attiré l'attention publique sur le fait que ce règlement fut élaboré et promulgué, non par la Cour, comme le prescrit l'art. 37 du Règ. d'org. jud., mais seulement par quelques conseillers, appelés à la former un jour, en l'absence même de leurs collègues, les délégués de France et de Russie ?

« Aucun juge a-t-il jamais qualifié d'irrégulier par la voie de la presse cet acte non officiel, non réglementaire ?

« Ces magistrats, froissés dans leur dignité, ont su contenir leur indignation, bien qu'ils pressentissent l'avenir, qui leur était réservé.

« Cet exemple de tolérance est-il donc perdu pour les conseillers, à tel point qu'ils ne voient pas d'inconvénient à blâmer publiquement les juges dans leurs actes les plus officiels, c'est-à-dire dans leurs jugements ?

« Il en coûte de le dire, mais comment le nier en présence de la lettre de M. le vice-président de la Cour, publiée par la *Nouvelle Presse libre ?*

. . . .

« 2° Le 20 juillet, les substituts du vice-président du Tribunal et du procureur général, les honorables MM. Moriondo et Vacher, se sont présentés devant le soussigné, prêt à entrer en audience avec M. le Substitut du procureur général, Emine-Bey, et le greffier.

« Le premier de ces interlocuteurs inattendus, l'honorable M. Moriondo, a sommé le soussigné de promettre, avant d'entrer en audience, de prononcer sur-le-champ dans les litiges du jour, y ajoutant qu'en cas de refus, par ordre du vice-président de la Cour, lui il occuperait sa place.

« L'honorable M. Vacher a menacé aussitôt le soussigné, s'il rejetait la sommation précitée, de quitter l'audience au premier jugement de renvoi.

« Si la sommation à un collègue, la menace envers un supérieur sont relevés, CE N'EST PAS pour faire ressortir leur caractère disciplinaire (art. 24 du Règ. d'org. jud.), sinon pénal (art. 123 du Code pénal et art. 7 ale du Règ. d'org. jud.).

Attendu, en ce qui touche les faits visés dans l'acte du 24 octobre dernier, que le 20 juillet écoulé M. le juge Haakman siégeant en vertu de ses fonctions au tribunal de justice sommaire,

---

« Cela serait implorer indirectement le secours d'autrui contre un outrage personnel, ce qui n'entre pas dans les vues de l'outragé.

« L'attention de la Cour n'est demandée que pour la singularité de la coopération de deux défenseurs de principes, jusqu'à ce jour diamétralement opposés. Le substitut du vice-président, représentant légal des antécédents d'une jurisprudence inébranlable, comment s'est-il associé à celui du procureur général, qui à toute audience opportune avait plaidé l'utilité pour la justice d'abdiquer de sa souveraineté et de céder le pas à la diplomatie?

« Et ce dernier ne reconnaissant que la diplomatie comme arbitre du conflit, comment se chargeait-il, lui magistrat, de la mission attribuée à cette dernière?

« Evidemment il a fallu un moteur occulte pour réunir les deux substituts dans l'œuvre de prévenir au dernier moment, par une pression forte et inattendue, l'accomplissement de la tache judiciaire, commencée par l'arrêt Carpi, et continuellement poursuivie jusqu'ici par le Tribunal.

« Ce moteur, occulte jusque-là, la sommation dont il s'agit, l'a nommé; l'ordre du vice-président de la Cour, les faits ultérieurs, ont justifié cette assertion.

« C'est à cette circonstance que la justice paraît le plus directement intéressée. Quoi, le chef de la magistrature, le vice-président de cette même Cour qui prononça un arrêt aussi absolu que celui dans l'affaire Carpi, délégua des magistrats pour retenir le bras de la justice au moment décisif, fit exercer sur le juge, qui allait se prononcer, une pression inouïe, voulant le remplacer, tandis que la Chambre du Conseil lui avait assigné sa place.

« Voilà ce qui paraît étrange au soussigné et doit paraître étrange à tout homme impartial.

« Il appartient à la Cour d'éclaircir ce mystère et de ne pas souffrir qu'un juge inférieur pâtisse de la conséquente application de sa jurisprudence à Elle; du mystère entourant la transition à un système de concession. . . . .

. . . .

« 3° *L'arrêté du 21 juillet, pris en vertu de la délégation de la Cour, qui appela le soussigné à la Chambre des vacations, n'a jamais été exécuté. A cette même date, quelques heures après l'avoir signé, son signataire le révoqua sur les protestations du soussigné. Ce fut au Consulat de Hollande, en présence d'un tiers.*

immédiatement après l'appel de l'affaire Barroz contre Heliopoulo et Cie inscrites au rôle et en état de recevoir jugement, a prononcé d'office le renvoi de la cause au 28 octobre, ou à une audience à fixer ultérieurement. et qu'il a ensuite prononcé le même renvoi dans les autres affaires, qui venaient utilement pour être jugées à cette audience ;

Attendu que ces décisions émanées du juge seul, agissant *proprio motu* en dehors des parties, sont motivées uniquement sur ces considérations complètement étrangères aux litiges qui s'agitaient entre particuliers, à savoir : que la justice ne prononce que sous la garantie gouvernementale de l'exécution ob-

---

« Le soussigné répète que c'était sur ses protestations. La Cour pourra les vérifier d'après le procès-verbal de l'Assemblée générale du Tribunal du 21 juillet et les lettres du soussigné à M. le vice-président (Annexes, 6, 7, 8).

« Sa réintégration à son poste lui était également promise aussitôt que le Gouvernement exécuterait les jugements rendus contre lui.

Cette hésitation manifeste vient se joindre aux preuves que ce n'est pas la justice impassible qui dicta l'arrêté précité.

« Mais cependant les jugements de ce jour existaient. Leur existence gênait, à tel point qu'on a rompu avec la loi, ne permettant qu'au juge supérieur de les réformer. Ils ont été réformés et rétractés par le président actuel du Tribunal de justice sommaire (M. Antoniades).

« Evidemment il était de nature à attirer l'attention publique cet empressement d'attaquer et d'anéantir une jurisprudence tenant compte d'un fait universellement déploré.

« Au gouvernement local, il démontra que cette question si grave de l'exécution, tant agitée lors des négociations des traités, n'en était plus une en pratique.

« Pour lui il devint clair que la jurisprudence inaugurée par l'arrêt Carpi ne s'était montrée sévère que pour être accommodante aussitôt qu'il s'agirait de la pratique. Le sacrifice d'un de ses magistrats, et de sa jurisprudence, les efforts, faits pour le mettre dans son tort, tout cela était bien de nature à prouver au pouvoir exécutif qu'il n'y a rien d'absolument inflexible, pas même la justice.

« C'est encore sous ce rapport et par son côté démonstratif que le remplacement du soussigné paraît un acte des plus significatifs, qu'il se produit comme événement. En effet, il réforma la Réforme en sacrifiant son principe fondamental de n'exister et de ne fonctionner sans l'absolue sécurité de l'exécution gouvernementale de ses arrêts.

jective de ses arrêts; que pour le moment cette garantie venant d'être supprimée, les jugements se trouvent privés de l'autorité souveraine dont la loi les a investis, et du maintien desquels l'art. 515 du Code de procédure civ. et comm. charge les tribunaux dans la personne de leurs vice-présidents, et que la suppression de la garantie précitée implique celle des règles de la procédure, qui dans les circonstances normales permettent de juger sur-le-champ ou à huitaine;

Attendu que la loi et le principe même de ses fonctions imposent au juge le devoir strict et absolu de statuer sans aucun délai sur les contestations portées devant lui qui se trouvent en état de recevoir jugement; que cette obligation est absolue et indépendante de toute considération extrinsèque; qu'elle enchaîne le magistrat tant qu'il siége dans son prétoire, et qu'il ne resterait au juge dont la conscience alarmée ou troublée par des événements extérieurs ne lui permettrait plus de juger qu'à descendre volontairement de son siége, plutôt que d'arrêter ou de suspendre, par son fait l'expédition des affaires, qui ne peuvent être interrompues un seul instant sans préjudice pour les justiciables et sans danger pour la justice même (1);

Attendu qu'en prononçant arbitrairement (2), le 10 juillet de nombreux renvois qui, pendant les vacances, ne pouvaient être utilement attaqués, et en refusant de connaître du fond des causes, M. le docteur Haakman a méconnu le droit imprescriptible des parties et manqué à ses devoirs de juge.

Attendu qu'au point de vue disciplinaire ses actes sont d'autant plus graves qu'il a procédé avec réflexion; qu'il ne s'est pas arrêté à la délibération du tribunal de première instance de la veille, qui n'avait pas admis sa demande en récusation, ou plutôt en abstention, ni partagé ses scrupules (3).

---

(1) Voyez p. 59 et suiv.

(2) De quel droit la Cour qualifia-t-elle d'arbitraires des jugements rendus par un tribunal compétent, passés en force de chose jugée?

(3) Comment s'y arrêter, la Chambre du Conseil laissant intacts les motifs de récusation et quoique apparemment persuadée de leur justesse ordonnant cependant au juge de statuer?

Qu'il a repoussé les avis et les observat'ons de M. Moriondo, substitut du vice-présidennt, alors chef du tribunal, et qu'il a méprisé les observations de M. Vacher, substitut du procureur

---

Voici l'acte de récusation et la décision de la Chambre du Conseil :

Acte de récusation : « Suivant l'art. 352, § 8 et dernier alinéa du Code de proc. civ. et comm., a l'honneur de déclarer à la Chambre du Conseil du Tribunal mixte d'Alexandrie le soussigné Président du Tribunal de justice sommaire ;

« *Qu'il reconnaît en lui une cause de récusation pour les affaires, qui lui seront soumises à l'audience dudit Tribunal de mercredi* 19 *juillet* 1876;

« Que cette cause gît dans un fait grave, duquel il résulte qu'il ne pourra juger avec impartialité ;

« Que ce fait est constaté par le procès-verbal de l'huissier Patrese, en date des 17 et 18 juillet, et se résume au refus d'exécution à un jugement rendu contre la Daira Sanich par le Tribunal de commerce d'Alexandrie ;

« Que ce refus est irréparable, depuis que l'autorité locale a cru ne pas devoir intervenir et puisqu'il est inadmissible que la force publique serait requise au nom du Tribunal, vu que cette réquisition serait à l'appréciation de cette même autorité locale, qui s'est déjà abstenue de prêter main-forte et en outre parce que l'emploi de la force publique contre le pouvoir suprême équivaudrait à la lutte civile ;

« Que dans ces circonstances ledit refus d'exécution est un fait accompli contre lequel la justice et la loi (art, 515 du Code de proc. civ. et comm.) sont impuissantes ;

« Que ce fait accompli renverse les principes fondamentaux de toute justice, notamment ceux de l'égalité devant la loi et de l'autorité souveraine de la chose jugée ;

« Qu'en présence de ce renversement de principes, l'équité défend l'application de lois, qui écrites *pour*, ne sont pas maintenues *contre* tous ;

« Qu'ainsi le renversement de la base de la justice entraîne celui de la jurisprudence, en ce sens que les lois non exécutées, sinon non exécutables, contre les uns ne sauraient frapper les autres ;

« Que ce résultat du fait précité enlève au soussigné la liberté de conscience nécessaire pour adjuger les demandes en condamnation qui lui seront soumises à l'audience susmentionnée ;

« Qu'en cette situation il demande de s'abstenir de ladite audience et prie la Chambre du Conseil de lui faire connaître sa décision en temps utile. » *Signé :* HAAKMAN.

« Alexandrie, ce 18 juillet 1876. »

Ordonnance de la Chambre du Conseil : « Le Tribunal de première

général, qui présent à l'ouverture de l'audience s'est retiré après le prononcé du premier renvoi (1).

Attendu que cette faute du 20 juillet s'est encore aggravée par la persistance obstinée de M. le juge Haakman dans les doctrines de sa jurisprudence (2), et dans sa détermination de ne participer à aucune décision sur le fond des affaires (3), que

---

instance en chambre du Conseil composée des juges Moriondo, substitut du vice-président, Antoniades, baron d'Armfelt, Aly Bey Ibrahim, Saïd Effendi Hefnaoui;

« Vu la déclaration de M. le juge Haakman, président du Tribunal de justice sommaire;

« Après en avoir délibéré, a statué comme suit :

« Attendu qu'il est inadmissible qu'un juge soit récusé ou qu'il s'abstienne de juger dans toutes les causes en général qui lui seraient soumises à une audience fixée;

« Que cela découle de la lettre et de l'esprit de l'art. 352 du Code de proc. civ. et comm., lequel quoique énumérant parmi les différents motifs de récusation des faits influençant l'impartialité du juge, entend cependant que ces faits, pour donner lieu à la récusation ou à l'abstention, existent dans les rapports du juge avec une des parties en cause;

« Que dès lors les faits exposés par M. le juge Haakman ne sauraient être considérés comme visés par l'alinéa 8 de l'article précité;

« Par ces motifs :

« Déclare que M. le juge Haakman ne saurait s'abstenir de connaître des causes qui lui seront soumises à son audience. »

Signé : MORIONDO, ALY BEY IBRAHIM,
ANTONIADES baron D'ARMFELT,
SAÏD EFFENDI HEFNAOUI.

« Alexandrie, 19 juillet 1876. »

(1) Les juges étant tenus, d'après la Cour, de suivre dans leurs jugements les avis des vice-présidents, ces derniers seraient au bout du compte les seuls juges. Or comme de fait ils dépendent complètement de M. le vice-président de la Cour, lui serait le seul arbitre de la justice.

(2) La Cour, en condamnant par voie disciplinaire les doctrines de la jurisprudence, s'arroge le droit de scruter la conscience. C'est par trop imiter la sainte inquisition.

(3) Cette détermination était forcée. La publication, dans la *Nouvelle*

cette détermination s'est manifestée par de nombreuses protestations et par un refus absolu (1) de siéger pendant le mois de septembre à la Chambre des vacations, où il avait été appelé par décision de M. le vice-président Lapenna, investi pendant les vacances des pouvoirs administratifs de la Cour absente (2) ; qu'on en retrouve encore l'expression dans la lettre du 26 octobre dernier, où il demande (3) à la Cour pour ce motif son rem-

---

Presse libre, en m'accusant à raison de mes jugements, m'ôtait toute liberté (voyez p. 38).

(1) Le refus absolu n'a jamais existé. Je me suis borné à déclarer à M. le vice-président de la Cour, par lettre du 2 septembre 1876, comme suit :

« *C'est sous la protestation expresse contre cet état de choses, et sous toute réserve de mes réclamations ultérieures, que je vous déclare, M. le Vice-Président,* INDÉPENDAMMENT DE MA BONNE VOLONTÉ *et* PAR FORCE MAJEURE, *m'abstenir de siéger jusqu'à la décision disciplinaire de la cause qui m'est réservée.* »

(2) Aucun règlement ne donne à la Cour le pouvoir de déléguer ses pouvoirs administratifs. D'ailleurs cette délégation paraît absurde dans les cas où, comme dans le présent, la mesure à prendre (le remplacement) demande la délibération et le scrutin du collége, à ce qualifié.

(3) Le remplacement n'a pas été *demandé*, il a été laissé à l'appréciation de la Cour, après qu'Elle m'avait assigné à raison de mes jugements. A l'appui, il convient d'insérer textuellement la lettre que voici, datée du 28 octobre et non pas du 26 comme l'avance la décision disciplinaire :

« Messieurs les Conseillers

« Permettez-moi de fixer votre attention sur le fait que les seules fonctions où je ne suis pas remplacé, sont celles de membre de la Commission spéciale pour les affaires contre le gouvernement.

« Je vous prie d'observer, qu'encore là j'aurais à appliquer l'axiome que la suspension de la justice par la non-exécution gouvernementale des arrêts entraîne celle de la jurisprudence.

« Après ce franc aveu, vous jugerez, Messieurs les Conseillers, si la liberté de mon vote ne paraît pas dangereuse au sein de cette Commission comme ailleurs.

« J'ai l'honneur, etc. »

Cette lettre se trouvait inspirée par le fait que ladite Commission, appelée à reprendre ses fonctions le 2 novembre, était bien embarrassée de la non-exécution persistante. Tout faisait prévoir, qu'elle suivrait la ligne de conduite adoptée le 20 juillet au sommaire, et le 26 septembre par le Tri-

placement comme juge à l'une des deux chambres du tribunal spécialement chargées de statuer sur les réclamations des Européens contre le gouvernement égyptien (1);

Attendu en ce qui touche les faits relevés par l'acte du 29 octobre, que sans attendre l'ouverture de l'action disciplinaire, M. le Dr Haakman a déposé le 13 octobre dernier au greffe de la Cour, sous le titre de *Mémoire de défense* (2), un volumineux écrit dont une copie a été remise également par ce magistrat au tribunal d'Alexandrie (3) ;

---

bunal entier. Poursuivi, je préférais attendre la décision de la Cour. Nommé par elle à ladite Commission, il fallait bien l'informer des difficultés qui pourraient surgir, lorsque par mon vote je contribuerais à former la majorité, œuvre des plus faciles, ladite Commission jugeant seulement à trois membres.

(1) Il n'y avait qu'une seule Commission spéciale du Tribunal. Elle se composait de MM. Jansen (Belge), baron d'Armfelt (Suédois), Antoniades (Hellène) et moi.

(2) Le mémoire fut déposé avant l'ouverture de l'action disciplinaire pour rectifier les faits avancés par M. le vice-président de la Cour dans la *Nouvelle Presse libre*, rectification d'autant plus nécessaire, que par son mandat la Cour pourrait se considérer comme liée à l'exposé de son vice-président.

Le mémoire était en même temps un rapport. Comme tel je l'ai signé en ma qualité de président du Tribunal de justice sommaire, et avait-il pour but de démontrer que s'il s'agissait de la discipline, il y avait des faits, survenus dans l'absence de la Cour, bien autrement graves que ceux portés à la charge du juge du 20 juillet. Ce seul exposé aurait dû convaincre du fait que la poursuite de ce dernier, annoncée publiquement, en dépit du règlement qui en prescrit le secret, bien loin d'avoir un caractère judiciaire, portait au contraire un cachet par trop personnel, et surtout par trop politique.

Le rapport-mémoire servait enfin à prémunir la Cour contre tout entraînement. Sous ce rapport il devait précéder l'assignation, laquelle en émanant de la Cour la lierait plus ou moins dans ses décisions.

La marche de la poursuite a bien prouvé le bien-fondé de la crainte d'entraînement.

(3) Le document en question fut communiqué au Tribunal d'Alexandrie par cette seule raison que la loyauté s'opposait à relever des actes propres à la plupart de ses membres, sans les en informer et par là leur fournir l'occasion de faire les observations qu'ils jugeraient convenables.

Attendu que dans cette œuvre où la défense est transformée en une attaque violente, plusieurs magistrats, la Cour toute entière et plus particulièrement son vice-président sont en butte à des allégations, et à des insinuations qui dénient leur indépendance et les atteignent dans leur honneur ;

Attendu que le rédacteur a transformé l'intervention de M. Moriondo, alors chef du tribunal et de M. Vacher, substitut faisant fonctions de procureur général, intervention que les pièces du dossier (1) démontrent avoir été purement officieuse et complètement bienveillante, en sommations faites à un collègue par M. Moriondo, et en menaces adressées par M. Vacher à un supérieur pour l'empêcher d'accomplir son devoir ; qu'en conséquence M. le juge Haakman leur impute d'avoir commis le délit prévu par l'article 123 du Code pénal ou tout au moins de s'être exposés à une poursuite disciplinaire (2) ;

Attendu qu'après avoir reproché à la Cour d'appel (3) la ré-

Aucune observation n'ayant été faite, la véracité du document en ressortait d'autant plus.

Ce n'est qu'en négligeant cette circonstance que la Cour a pu lui reconnaître un caractère calomnieux.

Grâce à la communication du Rapport-Mémoire au Tribunal, celui-ci ne m'a jamais reconnu d'autre désir que celui d'établir la vérité. Bien loin de se trouver froissés par la pièce dont il s'agit, mes anciens collègues, même après ma révocation, m'ont donné tous, sans exception aucune, des marques de sympathie dont le souvenir m'est des plus précieux.

(1) Jamais je n'ai vu les pièces visées par la décision. Officieuse ou bienveillante, l'injonction sur l'ordre de M. le vice-président de la Cour, qui me fut faite le 20 juillet, de céder mon siége, si je ne prononçais pas, séance tenante, les jugements définitifs dans les affaires en état d'en recevoir, n'en est pas moins une sommation, comme la communication de M. Vacher, qu'il quitterait l'audience au premier renvoi, est une menace. La qualification est juste, et le seul fait que le mémoire dit tout le contraire de ce que lui fait dire la condamnation prouve qu'en accentuant la vérité toute intention offensante m'était étrangère.

(2) Voyez p. 61.

(3) Le Rapport-Mémoire ne *reproche* pas, mais *constate* seulement la rédaction et la promulgation illégales du règlement (voyez p. 61). Mais comment la Cour se trouve-t-elle atteinte de l'observation, ne s'adressant

daction *illégale* du règlement général judiciaire, qu'il qualifie « non-officiel, » après avoir affirmé que les magistrats froissés ont su contenir leur indignation, bien qu'ils pressentissent l'avenir qui leur était destiné (1), il déclare que la jurisprudence inaugurée par l'arrêt Carpi n'avait pas été dictée par la justice impassible, et qu'elle ne s'était montrée sévère que pour devenir accommodante dans la pratique (2);

Attendu que cette imputation si grave de n'avoir manifesté son indépendance que pour mieux faire valoir ensuite sa complaisance est formulée tout particulièrement et avec insistance contre l'honorable vice-président de la Cour;

Attendu que M. le juge Haakman lui reproche d'avoir été le moteur occulte des actes dont il accuse (3) MM. Moriondo et Vacher, et qui auraient eu pour but de détruire au dernier moment, par une pression vive et forte, par une pression inouie l'accomplissement de la tâche judiciaire, d'arrêter le bras de la justice (4);

Attendu que non content de ces attaques directes, il se demande quel mystère a entouré la transition de M. le vice-président de sa sévère indépendance à un système de concessions et invite la Cour à éclaircir ce mystère ; qu'il dirige ainsi contre M. Lapenna une insinuation d'autant plus grave et plus perfide, que sans rien préciser elle laisse tout supposer (5) ;

---

pas à elle, parce qu'elle n'était pas constituée, et que l'illégalité se trouve précisément dans le fait qu'on prépara et promulgua ce document avant la constitution de la Cour? Cette phrase passe cependant pour le seul outrage fait à la Cour!

(1) Le pressentiment s'est trouvé être juste par la première poursuite disciplinaire, se servant de ce règlement illégal pour écarter toute règle de procédure, et tout principe de droit naturel et d'équité.

(2) Voyez p. 61.

(3) Il est déjà démontré que le Rapport-Mémoire fait tout le contraire que d'accuser MM. Moriondo et Vacher. Il ne reproche pas à M. le vice-président de la Cour d'avoir été le moteur de leur pression, mais il le constate comme fait disciplinaire, prouvé par les dires de ces Messieurs et par les faits. L'abus d'autorité, relevé par celui qui en fut victime, est tourné en outrage. O sainte justice!

(4) Voyez p. 61.

(5) Voyez p. 61, 62.

Attendu que les allégations outrageantes et les insinuations calomnieuses, relevées par la prévention et établies à la charge de M. le juge Haakman, constituent une faute disciplinaire sans excuse (1), et d'autant plus grave qu'elle n'a pu être commise sans nuire à la dignité de son caractère et sans compromettre son honorabilité (2);

---

(1) Pour établir un fait sans excuse, il a fallu dénaturer, même matériellement, le Rapport Mémoire.

Mais encore cette faute *sans excuse et grave* est de pure fantaisie Et même cette fantaisie ne constitue rien de légalement répréhensible.

Même s'il eût été outrageant, le document incriminé était sacré tant comme rapport que comme mémoire.

« *Il est évident, dit Dalloz* (Rép. presse, outrage, § 1198, p. 736), *qu'il n'y a pas de diffamation de la part de celui qui, pour obéir à ses devoirs, dénonce à l'autorité les faits parvenus à sa connaissance.* » Partant du même principe, le droit pénal égyptien met les dénonciations de bonne foi à l'abri de toute poursuite : « *La présente peine* (art. 269, Code pénal) *n'est pas applicable à celui qui dénonce de bonne foi et sans malveillance un fait punissable à l'autorité chargée de l'administration de la justice.* » Or la dénonciation n'étant punissable, qu'à moins d'être fausse, à plus forte raison les rapports officiels doivent à cette même condition jouir de la même immunité.

Comme mémoire de défense, produit devant la Cour, la loi française du 17 mai 1819 n'en admettait pas la poursuite. L'art. 23 dit expressément : « *Ne donneront pas lieu à aucune action en diffamation ou injure les écrits produits devant les tribunaux.* » A plus forte raison il aurait dû en être ainsi en Egypte, où le délit de diffamation n'existe pas et où l'outrage se trouve restreint aux seules espèces d'injure et de calomnie.

Mais abstraction faite des qualités du document incriminé, encore ne saurait-il avoir été considéré comme outrageant ou calomnieux, à défaut de toute publicité. La publicité existe si peu que la décision ne l'a pas établie. Elle a glissé sur cet élément constitutif du délit, comme sur celui de l'intention.

Pour présenter le mémoire comme injurieux ou calomnieux, il aurait fallu lui reconnaître l'imputation directe, au lieu de l'insinuation vague et non précisée.

(2) Le plus grand tour de force de la décision est bien cette considération que le magistrat qui révèle les faits dont il est victime, et qui les révèle dans un rapport non publié, pour ne pas imiter ses supérieurs recourant aux journaux pour les affaires d'intérieur, bref que le magistrat, qui, provoqué et maltraité, sait cependant se contenir, est censé d'avoir

Par ces motifs :

Déclare M. le juge Haakman, convaincu d'avoir :

1° Le 20 juillet dernier prononcé d'office et arbitrairement le renvoi à une époque éloignée d'affaires en état de recevoir jugement et qu'il était de son devoir rigoureux d'examiner et d'expédier immédiatement ;

2° D'avoir plus tard maintenu avec obstination ses déclarations qu'il s'abstiendrait de prendre part à aucun (1) jugement et d'avoir refusé formellement de siéger pendant le mois de septembre, bien qu'il eût été appelé à faire partie à cette époque de la Chambre des vacations par une décision régulière (*sic*) du vice-président de la Cour ;

3° Au mois d'octobre, dans un écrit qualifié mémoire de défense, sans preuves (2) et gratuitement, dirigé contre plusieurs magistrats, contre la Cour entière et surtout contre son vice-président des allégations, des imputations outrageantes pour leur honneur et leur délicatesse ;

Faits qui constituent des fautes disciplinaires graves, dont le dernier, visé sous le numéro 3 est contraire à la dignité du caractère d'un magistrat et entache son honorabilité, et qui tombent sous l'application des art. 24, titre I, chapitre 1, du règlement d'organisation judiciaire et de l'article 120 du règlement général judiciaire ainsi conçus :

Article 24, règlement d'organisation judiciaire. « La discipline des juges, etc. » (Voyez page 7, note.)

Article 120, règlement général judiciaire. « Les faits qui compromettent l'honorabilité des juges ou l'indépendance de leurs votes sont punis de la destitution. »

---

compromis son honorabilité. Tartuffe reculerait devant un pareil raisonnement. Cependant c'est sur ce motif seul que s'appuie la révocation. Opposons-lui la jurisprudence disciplinaire de la Cour de cassation en France. Dans les cas les plus graves d'outrage, même par la voie de la presse, elle ne regarde pas l'honorabilité comme compromise, et par ce motif n'applique que la suspension temporaire.

(1) Mon abstention s'est bornée aux jugements définitifs.

(2) 26 annexes servaient de preuves.

Prononce à la majorité de six (1) voix contre deux contre M. le juge Haakman la peine de la destitution.

Ainsi jugé le samedi onze novembre mil huit cent soixante-seize par la Cour d'appel d'Alexandrie en assemblée générale, où siégeaient MM. Letourneux, substitut du vice-président, Aly Ibrahim Bey, Ali Réza Bey, Giaccone, Abaza, Barrenger, comte Marogna et A. Rassikh Bey, conseillers, en l'absence de M. le vice-président Lapenna et de M. le conseiller Scott, qui ont été autorisés à s'abstenir dans cette affaire, et de M. le conseiller indigène Cadri Bey, qui a été éliminé par l'effet du tirage au sort et n'a pas connu de l'affaire en exécution des prescriptions de l'article 50 du règlement général judiciaire.

(*Suivent les signatures.*)

Pour expédition conforme à l'original, existant sub. n° 311 de l'année courante et transcrite sur le registre des délibérations des assemblées générales de la Cour d'appel au n° 43 de cette année.

Alexandrie, le 13 novembre 1876.

Le Greffier en chef de la Cour d'appel, (1(

Signé : ADDOBATI.

---

(1) D'après le rapport à l'Assemblée nationale, cette majorité est insuffisante et il aurait fallu huit voix. Voyez p. 53.

(2) Le 13 novembre, la décision me fut notifiée. Ce même jour, elle fut communiquée au gouvernement égyptien et aux tribunaux. Le traitement a cessé au 13 novembre. D'indemnité il n'a pas été question. L'exécution du juge qui osa se prononcer contre la non-exécution des jugements a été aussi soignée que possible.

Toute protestation a été rendue impossible. La publication de ce qui s'était passé s'est trouvée menacée de poursuite pénale. Les libertés prises avec le texte du Rapport-Mémoire étaient bien de nature à faire prendre cette menace au sérieux. L'emprisonnement en Egypte effraye, surtout sous le rapport de la nourriture.

J'ai préféré revenir sain et sauf en Europe pour dévoiler la vérité sur les prétendues réformes en Egypte.

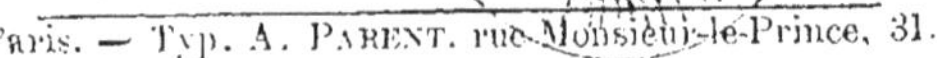

Paris. — Typ. A. PARENT, rue Monsieur-le-Prince, 31.

www.ingramcontent.com/pod-product-compliance
Ingram Content Group UK Ltd.
Pitfield, Milton Keynes, MK11 3LW, UK
UKHW021205220726
13924UKWH00003B/1329